与最聪明的人共同进化

湛庐 CHEERS

HERE COMES EVERYBODY

以大制胜

WIN BIGLY

［加］斯科特·亚当斯 著
SCOTT ADAMS

闫佳 译

中国纺织出版社有限公司

认识说服大师，开启说服之旅

我是一名专业的催眠师。

我在本书中所写的一切都是真实的，至少据我所知，它们都是真实的。

为了写这本书，我已经等了几十年。我之所以等这么长时间，一方面，是因为我认为这个世界还没有准备好；另一方面，是因为此前我尚未掌握恰当的表达技巧。为此，我付出了很多：

先是苦苦等待。

接着是不断学习。

继而努力实践。

之后又是漫长的等待。

最终，我人生中充满宿命感的一年到来了。这一年，我遇到了真正的"说服大师"（master persuader），这类人拥有"武器级"的说服技巧和强大的说服能力。甚至可以说，是我见过最具说服力的人。

有些说服大师是鼎鼎大名的公众人物，但他们的公众认可度非常低，这不免令人困惑，公众认可度如此低的人，怎么可能是说服大师？我的回答是，公众认可度低并不代表说服大师能力弱，也不妨碍他做到他想做的事。他只需要有说服技巧，再加上权力，就够了。你可以不认可说服大师的风格和个性，渴望世界变得更文明，然而，公众认可与说服技巧是两个独立的议题，不可混为一谈。

不过，这也是有趣之处。我认为，"说服大师"要做的远不止是赢，他们还擅于在现实世界"撕开一个洞"，透过这个洞我们能够看到有关人类体验的更深刻的真相。

但并不是每个人都注意到了这一点。所以，让更多的人意识到这一点就是我写作本书的目的。

大多数人所秉持的世界观是，客观现实是实实在在的，只要严谨地运用事实与推理，人们便可以理解它；同时人们还认为，有些人已经实现了基于事实、符合科学与逻辑的启蒙，这些人正努力帮助其他人以"正确"的方式看待世界。而事实上，这种世界观存在漏洞，即它默认所有人都觉得自己是应该接受启蒙的人；而且，对于凡是不认同我们的人，我们始终认为只要向他们展现更清晰的事实，或者只要他们更聪明一些，他们就会认同我们。这种生活"滤镜"让大多数人心满意足，因为人们自认为自己很聪明，且这种生活滤镜对预测未来也很有用。它使我们相信，未来会像我们在理性状态下希望的那样，但这完全是由确认偏误（confirmation bias）导致的，因为我们总是倾向于采用那些与自己观点一致的证据。

想象一下如下情形：你的整个世界观逐渐坍塌，你需要重新构建它。这就是所谓的"在宇宙撕开了一个洞"。作为一名专业的说服者，我认为这种情形令人激动不已。

通过本书，我会帮大家找到说服大师所撕开的那个"洞"，以便大家随我一起一探究竟。

为了让证明更有力量，我会结合总统选举期间两党的竞选策略进行阐释，当然书中还有更多的商业案例，但在进一步展开讨论之前，我必须先强调一下，共和党在竞选期间阐述的政策并不符合我的政治偏好，而民主党所阐述的政策也与我的观念不合。

说服秘技 1   **如果你自认为属于某个群体，那么，你的观点往往会倾向于该群体的共识。**

When you identify as part of a group, your opinions tend to be biased toward the group consensus.

我之所以会以竞选策略作为讲述的参照，是因为我一开始便意识到很多政治操纵手法借鉴自商业世界中具有有效策略之人。我对商业进行过研究，也曾亲身接触过这一领域，可以说相当了解。我创作过"呆伯特系列"漫画，其中就有与商业有关的段子；还出版过几本商业类幽默书籍；我曾就职于不同的企业多年，先是在一家大型银行工作，之后又换到一家电话公司。在此期间，我曾在十多种不同的岗位工作过，如技术员、营销人员、策划师、领导者和普通员工等，因此我有机会从多个角度观察商业。此外，我还取得了经济学学士学位和工商管理硕士学位。如今，我正

运营着好几家不同类型的公司。虽然我自认为并没有多么优秀，但我分辨商业实践好坏的能力还是不错的。除了说服技巧，说服大师还善于使用其他高级的商业策略，对于从未在商业世界打拼过的人来说，他们很难意识到这一点。

说到说服，我认为自己的说服水平属于商业级，即我能在工作中成功运用说服术。而在我看来，由于天赋和资质，认知科学家的说服水平在商业级以上，而且他们以研究此类事情为生。

据我所知，说服水平高于认知科学家的只有寥寥几人，这些人拥有"武器级"的说服技巧，达到了"说服大师"的级别。武器级说服技巧与学术、商业类说服技巧的区别在于，其风险级别不同，说服者所具有的个性也不同。

以下是说服力的三个等级的说服者，越靠前的说服力越强：

● "武器级"说服力说服大师，比如若干位美国总统、乔布斯、佩吉·努南 [1]、托尼·罗宾斯 [2]、麦当娜等；
● 科学级说服力：比如认知科学家；
● 商业级说服力，比如我。

虽然本书的大部分内容基于我几十年来在说服领域的个人实践和观察，但我仍然鼓励读者对我的说法保持怀疑态度，自行校验对错。

说服大师是可怕的怪物吗

人们经常会从说服大师的语言和政策偏好中看到一种可怕的极端主义倾向，这通常令旁观者担忧甚至恐惧。但我认为，这正是说服大师具备武

---

[1] 佩吉·努南（Peggy Noonan），美国作家，曾是罗纳德·里根发言稿的主要撰稿人。
[2] 托尼·罗宾斯（Tony Robbins），美国顶级商业策略师。

器级说服技巧的体现。

说服大师通常会为制造品牌效应而设置心理"锚点"（anchor）：哪怕这种锚点不切实际、不讲道德，甚至是卑鄙的，但只要说服大师达成自己的目标，他便有了足够的余地，有机会找出更合理的方案，这是说服大师经常使用的策略。这其实也是一种经典的商业手法：一开始就狮子大开口，之后通过谈判逐渐回到中间立场。

说服大师还有一种天赋，他能意识到人们并不是根据事实和理性来做决定的。一个娴熟老练的说服者，只要他的说服技术施展得当，就可以公然无视事实与细节。

实际上，承诺远比事实更具说服力。我对说服大师的立场不怎么当真，因为它只在方向上具有指导意义。

人们曾问我，我是否真的对说服大师充满信心，答案是肯定的。我做出这样的回答是有诸多原因的，我在本书后面的章节将会进行解释与描述。简而言之，我发觉所有模式全都指向同一方向，而它们有可能是确认偏误或魔术性思维 ① 导致的。

为什么我能看出其他专家看不到的事情

在向公众解释说服大师做了什么这件事上，我有两个优势，使我拥有不寻常的能力储备：第一，我是名专业的催眠师；第二，我学过说服术。专业的说服者能辨识出其他说服者所用的技巧，未经训练的人则做不到。

所以，对于说服大师使用的高级商业策略，没有商业经验的政治专家

---

① magical thinking，又称奇迹式思考或一厢情愿的思考方式，即对于某些事，当科学不能进行解释时，人们喜欢将奇迹作为解释来理解，或试图用奇迹来掌控。——编者注

会认为很疯狂；而对于拥有丰富商业经验的人来说，其中的大多数做法很容易辨认出来。完全不切实际甚至不道德的策略实际上只是说服大师在使用标准的谈判策略和夸张手段，以便将来更容易找到中间立场。

我并非为了金钱发表自己的言论。商业领域有一种说法：拥有一笔"豪横钱"（F-you money）。我就拥有这笔钱，所以我可以自由地表达自己的想法。而且，我还拥有一个直接面对公众的网络渠道。

除此之外，我并不太容易感到尴尬。我并非向来如此，这是一种后天学来的技能，它可以帮我回避尴尬，以便在他人长时间的谩骂或嘲笑中脱身。

希望持各种观点的人都来读一读这本书，且不要因为观念不同而分散了思路。当然，本书并不是为了改变大家对政治或他人的看法，而是希望通过有趣的第一人称视角，让大家了解一些有关说服的知识和技巧。

接下来，让我们开始这趟充满刺激的说服之旅吧。

你的说服力有多强?

- 《以大制胜》作者斯科特·亚当斯认为,说服力有三个等级,以下哪个不属于这三个等级:

  A. 商业级说服力

  B. 科学级说服力

  C. 管理级说服力

  D. "武器级" 说服力

- 以下哪种演讲风格,会令你看起来与未受过太多教育的普通人更接近?

  A. 严肃

  B. 拖沓

  C. 铿锵有力

  D. 简洁

- 关于 9 种说服力武器,以下哪种说法是正确的?

  A. 咬文嚼字的说服力量强于习惯

  B. 将公司研发的软件形容成 "像一个叫车软件一样,只是我们不提供汽车",这里使用的说服力武器是习惯

  C. 不带视觉元素的恐惧比带视觉元素的恐惧更具有说服力

  D. 只要人们看到了 "群体" 的存在,就乐于支持自己所属的阵营,这里利用的是身份认同这一说服力武器

扫描左侧二维码查看本书更多测试题

PART 3 如何在竞争中利用"武器级"说服术

WIN
BIGLY

PART 1

"武器级"说服术的
两大基石

01
心理基石：
确认偏误与认知失调

一个人的世界观，其实就如同大脑在播放的一部电影。

对绝大多数人而言，启蒙可能是一桩冒险的事业。设想一下，假如你原有的世界观崩溃，大脑来不及为你播放与你的新世界观一致的新电影，那么你的各种非理性行为就会被触发。每个人的大脑中都在播放着电影，人们相信这些电影是对现实的准确描述，但它们的情节大不相同。正常情况下，人们不会注意到彼此大脑中的电影有何差异，即使注意到了，也根本不在乎，但要涉及重大事件，情况就不一样了。

比如在总统大选期间，人们的情绪很容易激动，再加上数百万人同时聚焦于同一话题，如同将一桶汽油与许多火柴放在一起。一个国家的政府最不想看到的事情就是数百万人同时发疯。而说服大师最善于做的，就是拿着火焰喷射器点燃木头棍子，令所有人大吃一惊。

根据我多年的催眠师经验，我知道说服大师的说服技巧会引发大规模的认知失调 (cognitive dissonance) 和确认偏误。对于这两个术语，我会先简要介绍其定义，之后还会进行详细的介绍。认知失调和确认偏误可以说是寻求启蒙最重要的两个概念。

- **认知失调是一种心理状态，在这种心理状态下，人们会寻找借口，将自身的行为与想法、信念不一致的地方合理化。** 举例来说，假如你自认为很聪明，但又发现自己在做一件明显很愚蠢的事情，那么你自然而然地会产生一种错觉，认为自己这么做其实有充分的理由。又或者，你一直自认为很诚实，但当你意识到自己在做一些不诚实的事情时，你的大脑也会立即产生错觉，继而合理化自己的言行不一的行为。虽然认知失调在所有正常人身上都很常见，但我们始终相信，它只出现在其他人身上。

- **确认偏误指的是，人们往往倾向于认为，所有的证据都支持自己的信念，即使这些"证据"只是巧合也一样。这是另一种我们认为只会发生在其他人身上的常见现象。**

我曾公开进行过许多预测，其中有许多预测不怎么准确，有些是异想天开、一厢情愿的想法，还有一些则是基于有限数据所做的一般性猜测。但我对"说服大师"的预测通常都是准确的，在我看来，说服大师相当罕见。

在投资领域，我曾预测说服大师乔布斯会将苹果公司变成世界巨头，并因此小赚了一笔。此外，我曾持有伯克希尔·哈撒韦公司的股票，得益于说服大师巴菲特和查理·芒格，我同样获得了可观的利益。总之，这一招"观人术"很有用。

我还想提醒大家一件事：如果一家上市公司的首席执行官经常被人认为拥有"扭曲现实的能量场"，就像乔布斯那样，那么不妨对这家公司多留个心眼。这是说服大师的一种标志。

本书内容主要包含三大主题。首先谈论人类大脑在感知现实上存在的局限性；然后介绍一些说服课程；对基础知识有了一定的了解后，接下来就是如何利用说服术。

　　请记住，本书的主题是说服术。我希望本书能解放大家的思想，让大家享受一趟思想之旅。

02
行动基石：
大方向与小细节

毫无疑问，说服术是一种能改变人们思想的工具和技术。而在说服过程中，互惠则起到关键作用。当你送给某人一个人情，它会自动触发对方的互惠反应。由于投桃报李是人类的天性，所以销售人员一直用的都是这种说服方法。举个例子，如果销售人员为你买午餐或帮你解决问题，那么你一定会被他说服。

你可能会认为，只要自己能识别出说服术，就能避免被说服。但实际情况并非这么简单。通常，即使明知对方在使用说服术，你还是会受影响。

举例来说，我曾在并不知道概率的情况下，斩钉截铁地说 2016 年总统选举共和党大概率会获胜。这其中涉及一种说服技巧：故意犯错（intentional wrongness）。我发现了共和党总统候选人一遍又一遍地使用这一技巧，而且几乎总能取得良好的效果。使用这一技巧的步骤如下：

① 提出一个说法，方向正确，但非常夸张，或存在事实性错误；
② 等着人们注意到夸张之处或其中的错误，并花大量时间讨论它错得多离谱；

③ 当你将注意力集中在某个说法上时，你一定会记住它。而在非理性状况下，对你造成最大心理影响的事情看起来最重要，即便事实上并非如此也一样。

如果我仅仅简单地预测某人会在大选中获胜，却不加一点儿获胜概率，那么很容易被公众忽视，人们会认为这又是一个无足轻重的小人物无关紧要的见解。但如果我让人们停下来，并在心里与我一起争论某个概率到底有多高，则会加强我的主要观点的说服力，即此人赢得胜利的可能性高得惊人。

最初，我将共和党的获胜概率定为 98%，我之所以这么做，只是因为另一位著名的预测专家预测共和党的获胜概率为 2%。我这么做一来可以为自己打出名头，二来当然是为了达到说服目的，因为这么说更容易让人们记住我的预测。此外，98% 这个估值还很大胆，因此人们更会觉得它是"错的"。预测的目的是吸引注意力，这一点我的确做到了。我还故意将自己的名字跟那位预测专家挂上钩，以提高我的知名度。这同样发挥了作用。因为在大选期间，社交媒体上的人们只要一提到那位预测专家就会提到我，这一点完全不负我所望。每次被提及，都会抬高我作为政治观察家的知名度，因为人们在拿我与这一领域里的重要人物做比较。

请记住，我在这一阶段玩的是一种"错误"游戏。我还是一名漫画家，也写过一些与说服有关的文章。我需要尽量在各方面赢得人们对我的信任，为我网络平台上的"总统候选人专题"吸引观众。通过稍加运用故意犯错技巧，我吸引到了比其他任何可行做法能带来的更多的关注。此外，靠拉近与名人的关系，我又获得了一定的可信度。只要能与那位预测专家的名字出现在同一句话里，仅凭"接近性"（proximity），我就能增加不少可信度。

投桃报李是人类的天性，
如果你希望将来某人能与
自己合作，
那么当下就为他做点事。

Humans are hardwired to reciprocate favors.
If you want someone's cooperation in the future,
do something for that person today.

说服大师会经常使用故意犯错的说服技巧，至少从吸引注意力的角度来看，它几乎每次都起到了效果。就算人们意识到他在故意这么做，这种方法也是管用的。只要说起说服大师希望公众关注的话题，即使是在批评他，他也是成功地令公众将自己的思绪放在了合乎他期待的位置上。

　　比如，共和党总统候选人说过，他会在美国与墨西哥的边境修一堵"墙"。根据常识来判断，一堵结实的墙并不适用于所有的地形、地貌。在许多地方，铁丝网、数字监控或其他方法也许才是最符合成本效益的。如果想追求准确性的话，那么在每次谈到边境安全时都应提到所有这些解决方案，但大多数时候，细节都被忽略了，"墙"代替了一切，不加任何修饰细节。这种做法使得公众和媒体都认为这一想法是错误的。因为只有这样，大家才会争论不休。果不其然，人们核对事实，汇算成本后，认定美国政府不可能沿着两国边境修一堵"墙"。人们还说，这家伙太蠢了，竟然会做出如此决定。

　　当批评家们对"修墙"的说法吹毛求疵的时候，不知不觉地意识到了边境安全是个值得讨论的问题，而且很重要。**一个人想得最多的念头，会不知不觉地、毫无理性地排在其心理优先事项清单的前列。**竞选者让人们不停地想到"墙"，他之所以这么做，是因为他知道选民会将自己视为这一主题中最有力的声音。这一做法也吸引了媒体的注意力，而原本这些注意力有可能分散在对手深入了解的其他议题上。这样一来，不必依靠事实和理由，共和党总统候选人就将人们的注意力转移到了对自己有利的主题上。

　　竞选者需要强大的自我克制能力，才能忍住不去反复澄清自己所说的"墙"。想要让批评消失，他只需每次在提到"墙"的时候明确地解释，"墙"其实包含一整套不同的边境安全解决方案，具体方法取决于成本和地形。这简直易如反掌。但说服大师可从不希望批评者们噤声。竞选者希望他们不停地谈论他的"墙"多么不切实际，从而让边境管制成为竞选活动中最重要的议题。只要人们谈论"墙"，竞选者就是其中最重要的人物。如此一来，公众的注意力就聚焦了。

那么事实和细节呢？根本没有那么重要。对此，我稍后会进一步讨论。

这就好像如果有人指出我文章中的拼写错误，我也会如此处理。有时，我甚至会保留错词，因为它会让人暂停，好将句子重读几遍，弄清其中的含义。这种"错误"将人们的注意力吸引到我的文章上，这正中本人下怀：我就想要他人聚焦于此。

有些错误很普通，但假如你看到一位说服大师一直出现"错误"，那就要注意了：**这些错误可能是为了掌控你的注意力**。

第一次看到本书的英文书名时，有人可能曾暗暗心想：这个词应该不是 bigly（大大的），而是 big league（大联盟）①。如果有人注意到我的书名"有错"，那么，它也许有助于你记住本书。今后，每当你在其他语境中听到 bigly 或者 big league，都会想起这本书。

你想得最多、记得最清楚的事物，似乎会比其他事物显得更重要。这就是我在本书书名中"埋下"的说服术之一。

如果你试图依靠事实来说服某人放弃某个观点，那你一定会失败。因为人们总觉得自己掌握着事实，而且要比他人掌握的事实更可信。一旦得知自己掌握的事实不够真实，人们就会改变话题。也就是说，人们很难从一种观点转向另一种观点。因此，**依靠事实来说服他人，并不是一个好主意**。

---

① bigly 这个单词在 19 世纪之后就乏人使用，文字编辑软件也会将它视为错误拼写。——译者注

你想得最多的事情，
会毫无理性地在你脑海中
变得越来越重要。

The things that you think about the most will irrationally rise
in importance in your mind.

所以，每当事实不起作用时，说服大师就会忽视它们。很多人会认为这无助于说服，实际上恰恰相反。当然，我并不是说自己喜欢无视事实，而是说，不管媒体多么频繁地指出错误，说服大师仍能达成其目的，而且始终保持领先。

一般情况下，时事新闻的普通听众通常至多只记得其中少数几个问题。所有不太重要的问题都会被再度刷新。所以，针对那些不太重要的问题，最终人们只会记得"他没有道歉，而他的对手们一如既往地将他称作'骗子'"。

我曾在某网站上看到一篇文章，文章中列举了共和党总统候选人所发表的一连串言论，并认为其中事实失准。对于这些言论，我只记得少数几条。很快，它们就在我的脑海里混成一团，很难给我留下什么印象。我与其中任何一条都没有产生个人或情感上的联系，对我来说它们只是背景噪声。

从某种程度来说，道歉是示弱的征兆，而且还会引发持续不断的道歉要求。从这一点上看，道歉对竞选活动毫无助益。不过，对普通人来说，在多数情况下，道歉仍然是一种正确的选择。

如果你仍然不相信"错误"在说服过程中很有用，那么你可以参考研究员丹尼尔·奥本海默（Daniel Oppenheimer）在 2012 年所做的一项小型研究。奥本海默发现，当字体不利于阅读时，学生反而对内容记得更清楚。奥本海默对这一出人意料的结果进行了解释，他指出，面对用不利于阅读的字体写的内容时，人们会放慢速度，更加专注。事实上，额外的专注是形成持久记忆的关键。

"故意犯错"如何有助于记忆的保留呢？关于这一话题，我推荐大家读一读卡门·西蒙（Carmen Simon）博士所著的《被记住，你才能赢》。

书中讲到，为了让记忆停留得更持久，你需要给大脑提供一点"意外"，或者让大脑多费些工夫。人的大脑会相当迅速地自动删除常规记忆，比如大多数人也许都不记得一年前的今天自己在做什么，却很容易记住那些有违自己期待的事情。

事实上，比起事实和细节，人们往往更容易受视觉、情绪、重复和简洁性影响。荒谬的计划会拉低说服者的信誉，玷污"品牌"；但你也可以选择用说服力十足的视觉说服（visual persuation）技巧诉诸情绪，再加上简洁性和重复，弥补这些缺陷。"错误"本身会令夸张离奇的设想引人注目。如果你使用超级强有力的说服术，那么就算你在事实上出了错或者连论证逻辑都不对，也都不是问题，你仍然能赢。

对此，我要稍做说明：尽管影响他人的最佳方法背后隐藏着诸多科学，但如何在若干种"让大脑吃惊"的说服方式中做出选择，通常不靠科学，而靠艺术。另外，没有哪两种状况是完全相同的，所以，就算知道在另一种情况下应该使用哪种说服技巧，也无助于解决当下的状况。

当然，除非你是一位脸皮极厚、喜欢冒险的说服大师，否则，当众故意无视事实和逻辑是很危险的。毕竟，大多数人都无法将这一危险策略的说服技巧、风险意识和道德灵活性完美地呈现出来。

如果你并非说服大师，
不妨在
"总是道歉"（缺乏信心）
和"从不道歉"（有些反社会）
之间寻找一个最佳平衡点。

If you are not a master persuader running for president, find
the sweet spot between apologizing too much, which signals
a lack of confidence, and never apologizing for anything,
which makes you look like a sociopath.

认同的细节提升到人人都同意的更崇高的概念。

一击必杀语

一击必杀语是指说服力极强的一个绰号或一组简短词汇，使用它可以立刻结束争论，达到具体目的。

肉体机器人

肉体机器人（moist robot）是我有关人类的一种认识框架：人类是可编程的实体；如果你提供正确的输入，就会得到相应的正确的输出。

鼹鼠

在本书中，鼹鼠是指 2016 年美国总统竞选期间，由民主党阵营假想出来的一个叛变帮手，他故意在说服方面做出所有错误的选择。

确定步调和引领

确定步调，就是要以尽可能多的方式，匹配你打算说服的人，这些方式包括对方的思考、说话、呼吸和行动。确定步调可以建立信任，因为人们会将你看成他们阵营中的一员。确定步调之后，说服者可以进行引领，听众会亦步亦趋地跟随其后。

说服储备

说服储备是一系列与说服相关的技巧，它们可以顺畅地协同运作。

第二维度

第二维度描述的是最普遍的现实观：人们普遍认为，事实和逻辑对自己所做的决策很重要。这种观点认为，人类在 90% 的情况下是理性的，但偶尔也会陷入疯狂。

奠定基调

奠定基调指在谈判开始前先了解对手后的第一印象。

叫牌

叫牌，来自扑克游戏。在扑克游戏语境中，叫牌意味着一名玩家正发出信号，暗示自己拿到了一手超棒的牌。而在说服语境中，叫牌是某人已被说服的信号。这个词一般也用来表示各种类型的信号。

预设

预设，Thinking Past the Sale，这也是一种说服技巧。听众在说服者的提示下，会想象做出决策之后将发生的事，而这一想象又会令听众情不自禁地想要做出前述决策。

第三维度

第三维度是专业的说服者的操作层面。这些人所秉持的世界观是，人类在90%的情况下是非理性的，只有当决策与所有情绪内容都没有关系的时候，才会出现例外。

双剧同屏

"双剧同屏"形容的是观察者看到了相同的信息，却以两种完全不同的方式进行阐释。所以，同一信息可以成为两个截然不同的故事的支撑点。

WIN
BIGLY

PART 2

"武器级" 说服术为什么
能让人克敌制胜

说服术词汇表

以下是一份说服术词汇表，附带一些来自认知科学领域的词汇。对于这些概念，我将在本书后面的章节进行更详尽的探讨。

锚点

锚点是一种设想，它会影响他人转向说服者偏好的方向。例如，谈判中先来一招狮子大开口，能形成精神上的锚点，使谈判偏向高出价的方案。

认知失调

认知失调是一种心理状态，在这种心理状态下，证据与当事人的世界观存在严重冲突，使得人自发产生错觉，继而对不协调加以合理化。

确认偏误

确认偏误是一种人类共有的倾向，人们不理性地相信所有信息都支持现有的世界观，哪怕其实并非如此也一样。

滤镜

滤镜是指人们观察现实的框架。滤镜背后的关键设想是：它并不一定会给人们带来准确的现实视图，因为人类大脑无法在深层次上理解真相。

"哥斯拉"

"哥斯拉"指的是世界上最强大的说服者。

抢占制高点

抢占制高点是一种说服技巧，它能将辩论从人们无法

03
人的感知和理性都是有限的

学过哲学的人大概都知道，柏拉图曾在《理想国》中借"洞穴比喻"谈及个人现实的主观性。柏拉图让人们想象有这么一群人，他们从小被锁在某一山洞的一面墙上，正对着另一面墙。他们虽然能从正对的墙上看到一些走过的人影，但不能直接看到人。对山洞里的这群人来说，影子本身似乎就是独立存在的真实生物。他们没有理由思考其他可能的情形，因为眼前的影子拥有像活物一样的举止和行为。

如果将这群人释放出来，那么他们很快就会了解火和影子，进而不得不重新阐释自己所感知的整个现实，以求适应新的环境。从比喻的角度来看，柏拉图想要说明的是，人类可能被关在由自己的大脑和感官所创造的错误"洞穴"中，活在与客观现实完全不同的"影子世界"中。

另外一些著名的哲学家则从自由意志是否存在的角度来质疑现实的本质，其中最著名的当数大卫·休谟。如果像一些哲学家所说的，人类没有自由意志，只是被动地在接受着因果，那就意味着，人类对现实的共同理解是荒谬的。在这个世界模型中，人类无非是一些误认为自己能控制自己的决定和行为的"肉体机器人"。

德国著名哲学家康德认为，人类通过思想范畴的框架来获得外界经验。他解释说，人类的大脑不能直接接触到现实世界的基础，因此只能根据错误的感知输入来进行阐释。康德用了大量的文字来说明现实与我们想象的不一定一样。

当然，阅读本书不需要接受任何关于现实的哲学阐释。我之所以提及此话题，是因为想指出放眼整个人类历史，有那么多的聪明人士都论述过现实的主观性本质，本书也不例外。

近年来，针对人类理性的局限性，认知心理学家和物理学家有了许多令人大开眼界的发现。例如，虽然人类相信自己是在事实和理性的基础上做出的决定，实际上却很容易受其他各种偏见左右。针对这一主题，杜克大学的心理学及行为经济学教授、《怪诞行为学》的作者丹·艾瑞里（Dan Ariely）曾写过大量的相关文章，并举办了多次讲座。

不过，这一领域最有影响力的人是罗伯特·西奥迪尼（Robert Cialdini），他是亚利桑那州立大学心理学和市场营销学荣誉教授，曾任斯坦福大学市场营销、商业和心理学客座教授。西奥迪尼的两本畅销书《影响力》和《先发影响力》，是论述人类决策非理性本质的大师级课程[①]。

很多人认为，金融市场是见证人类理性的最佳场所，因为有数万亿美元在此流通。但事实上，无论是在普通投资者身上，还是在专业金融人士

---

① 《影响力》是西奥迪尼的社会心理学经典作品，这本书从专业角度阐释了顺从他人行为背后的 6 大基本原则：互惠、承诺和一致、社会认同、喜好、权威和稀缺，解释了为什么有些人极具说服力，而我们为什么总是容易上当受骗。而在《先发影响力》中，西奥迪尼提出了营销领域 30 年来真正具有创新性的概念——先发影响力。通过先发影响力的两大武器——注意力和联想，就能够在传递相关信息前抓住他人的注意力，开口之前就奠定胜局。这两本书的中文简体字版分别于 2016 年和 2017 年由湛庐文化引进、北京联合出版公司出版。——编者注

身上，我们都看不到这种理性。在《漫步华尔街》一书中，普林斯顿大学的经济学教授伯顿·马尔基尔（Burton Malkiel）向我们讲述了非理性投资者的故事。后来，哲学家兼统计学家纳西姆·尼古拉斯·塔勒布（Nassim Nicholas Taleb），则在《黑天鹅》一书中解释了为何人类总是倾向于曲解自己所观察到的现象。

物理学家对现实的本质又是怎么理解的呢？简直奇怪至极。我们在实验室里了解到的大部分真相，对人类大脑来说都毫无意义。我最喜欢举的两个例子是量子纠缠和双缝实验。对于这些不可思议的科学，我不再做进一步的介绍，大家可以阅读相关文章，读后就会知道，人类大脑不具备理解现实本质的能力。

哲学家尼克·博斯特罗姆（Nick Bostrom）则更进一步，提出了如下问题：人类到底是"真实的"物种，还是上一代智慧文明创造出来的模拟物种？博斯特罗姆的这一设想来自一个简单的事实，即总有一天，我们能够设计出相信自己是真实生物的模拟软件。一旦具备这样的技术水平，我们就不可能满足于只做一次此类模拟。从长远来看，我们应该料到，模拟现实会比创造模拟现实的真正现实要多得多。所以，从数学的角度来看，我们是模拟物种的可能性，远比我们是初始物种的可能性要大。这其中的有趣之处在于，真实物种和模拟物种都无法知道自己到底是哪一物种。

我提到这些杰出的哲学家或科学家，都认同人类的感知和理性存在真正的局限性。

我希望大家对本书的任何细节都保持怀疑态度。不过从宏观的哲学角度来说，很多人都认同我的观点：**人类往往自认为很理性，并且能够理解现实，但人们在这两方面都错了。**

04
说服滤镜：
现实与你感知到的可能完全不同

有关现实的普遍观点认为，人们看世界的方式不仅准确，而且是所有人共有的。据我所知，这或许是真的，但还有另外一种可能性：现实与人们所感知到的事物完全不同。对于这种可能性，你大概觉得未必有可能。为了改变这一看法，我想先解释"滤镜"是怎么一回事，之后再详细讨论。

关于滤镜，有一个重要的概念，即它无意为人们呈现准确的现实观。它只想呈现带给人们比其他滤镜更好的结果。在我看来，客观地确定滤镜发挥作用的最佳方式，是看它能否让你感到开心，能否预测未来。就我的观察而言，说服滤镜很好地起到了让人开心的作用，也能对一些看似不太可能发生的事情做出很好的预测。这就是我所说的优秀的滤镜。

当然，我并不是说说服滤镜呈现的是一种准确的现实观。在我看来，人类还未进化出理解现实的能力。事实上，这种能力对生存并不重要。就进化而言，有那些能让我们活得足够久、完成生育任务的幻想已然足够。

接下来，我会为大家介绍我在现实中常用的多种滤镜。

圣诞老人滤镜

在我小的时候，大人们习惯给孩子们灌输一种有趣的信念，让孩子们相信存在各种各样的魔法。当时，我一直认为圣诞老人是真实存在的。此外我还相信，这世上真的有牙仙①、复活节兔子②和超人。

由于滤镜的存在，我认为各种魔法生物都是真实的。令人感到有趣的是，这种对现实的完全误解起到了很好的作用：令我感到开心，还能预测未来。虽然我搞错了现实，但这并没有为我招来任何惩罚。

我喜欢玩具，我乐于相信圣诞老人办事高效、守时，将永垂不朽，且十分慷慨；同样我还选择相信，牙仙和复活节兔子也一样会言出必行。这是一种很好的现实滤镜，直到长大后我才终于明白，圣诞老人根本完不成他的"工作"：烟囱太多，他的时间太少，而且他的雪橇不够大，要送的礼物却很多。从此以后，我滤镜中的魔法生物便再也没有增加，而原来的那些也在我所认为的更高层次的知识和理性的光芒下消失了。

但我错了：我只是换上了另一副滤镜。

教会滤镜

6～11岁，我在离家很近的卫理公会教堂上主日学校。当时我相信教会告诉我的一切，因为我认为他们没有理由将精力投入谎言中。而且我还相信，这些人是不会错的。

当时我也知道，这世界上存在其他宗教。但卫理公会打消了我滤镜中

---

① 牙仙是欧美等西方国家传说中的精灵，她会在孩子脱掉乳牙后，在晚上将孩子枕头下的牙齿换成一枚金币，象征孩子即将换上恒牙，成为大人。——编者注
② 复活节兔子是复活节的象征之一，象征春天的复苏和新生命的诞生。——编者注

的矛盾之处，他们说其他所有宗教都是错的。在当时的我看来，这似乎很合理。况且在我的家乡小镇，人们都是基督徒。

我的教会滤镜大部分时间都运转良好，我对自己将来会进天堂感到很高兴。但考虑到我仍然活着，滤镜的预测功能似乎运转得不怎么样，祈祷好像也无法使我达成自己想要的结果。没人能预测接下来会发生什么，或者下一个圣人是否行将诞生。由此，我开始对教会滤镜产生怀疑。

直到有一天，我在主日学校学习了约拿和大鱼的故事[①]。

于是我与母亲进行了讨论，宣布放弃宗教教育。我解释了自己的看法。母亲听了我的推理，承认我做出了明智的决定，自此再没要求我进过教堂。

一旦摘下教会滤镜，我突然发现自己生活在一个荒谬的世界中。很明显，世界上有很多不相信上帝的人，但之前我并不知晓。所以我需要一副新的滤镜来描述当时我所处的境况，于是我想出了"外星人实验滤镜"。

外星人实验滤镜

通过外星人实验滤镜，我想象来自另一个世界的智慧生物令我的母亲受孕，它们的目的是想弄清人类和外星人交配会发生什么。由此一来，我认为外星人随时都在观察我。在孩提时代，我有很长一段时间都是这么认为的。

外星人实验滤镜很好地解释了我为什么跟镇上其他人有很大的不同，但这并未令我感到开心，而且也无法很好地预测接下来会发生什么。这副滤镜没有太大的用处。最终，我放弃了它，转而采用无信仰者滤镜。

[①] 故事大意为：在约拿即将淹死在海里时，上帝派出一条巨大的鱼来救他。鱼将约拿吞入肚中，完成了任务。后来，约拿在鱼肚中活了三天，向上帝祈祷。三天后，上帝让鱼吐出约拿。约拿在鱼肚里不靠氧气活了三天，且毫发未损。

无信仰者滤镜

无信仰者滤镜让人相信世上不存在至高大能，人类是理性的生物，可以通过观察、科学和理性来了解自己所处的环境。

这副滤镜非常适合叛逆的年轻人。它能提供一堆生动的说辞以供争辩，而且每次这么做，总会有人听。我虽然喜欢争论，但老实说，无信仰者滤镜从不曾令我开心。除了可以预测几种特殊情况，比如"自己的祷告肯定得不到回应""只要仔细观察就能发现奇迹"等，它无法很好地预测未来。一般而言，我无法用无信仰者滤镜预测任何事情。

无信仰者滤镜或许是一种更准确的现实观，但既然它对我没有多大用处，因此也就没有多大的意义。它无法令我开心，也不能帮助我预测接下来会发生什么。

肉体机器人滤镜

目前，我对生活采用的滤镜是所谓的肉体机器人滤镜。我在《我的人生样样稀松照样赢》一书里详细地介绍过它。简而言之，人类大脑就是一台肉体计算机，如果你知道用户界面在哪里，就可以重新编程。例如，上学可以导致使人的大脑产生新的连接和新的记忆，从而改变大脑的物理结构。但还有其他许多方式同样可以对大脑进行重新编程，例如培养有益的习惯，改变精力水平，通过黑客手段接入幸福，等等。肉体机器人滤镜让人相信，大脑受制于物理定律，它没有任何神奇的特质，如自由意志、灵魂等。

在本书中，我不会争论人类是否具备自由意志或灵魂。在我看来，滤镜不是用来理解现实的，它的作用仅限于让人开心，帮助预测未来。为了生活得更好，人类并不需要完全知道现实的本质。肉体机器人滤镜最令我感到开心，而且在预测方面也最为准确。

说服滤镜是肉体机器人世界观的一个子集。身为肉体机器人，我们很容易受到情绪和非理性因素的影响。如果你了解这种影响的机制，就找到了人类的用户界面。因此，当我谈到说服滤镜的时候，它与肉体机器人设想完全兼容。可以这么说:《我的人生样样稀松照样赢》是关于说服自己的，本书则是关于说服他人的。

说服滤镜

人类对自己最普遍的认知是：我们是理性动物，至少在 90% 的情况下是这样的。但我们时不时地都会有些情绪化，暂时失去理性。这就是大多数人看待这个世界的方式。在成为一名催眠师之前，我也是这么认为的。

催眠师会以不同的方式来看待这个世界。**对催眠师来说，人在90%的情况下是不理性的，且自己意识不到。**在无足轻重的情况下，我们可以很理性，比如决定何时去上班。而一旦涉及爱情、家庭、宠物、政治、自我、娱乐，以及几乎所有与情绪密切相关的事情，我们几乎从来都不理性。每当我们的感受开启，理智就会关闭。令人感到怪异的是，我们不知道它何时发生在自己身上。我们认为，自己在大多数时候都是讲道理的、理性的。但在催眠师看来，人做决定时往往并不涉及大脑的理性部分。对此，近年来科学家们也进行了证实。也就是说，**我们总是先做决定，事后再找理由**。

这听起来的确有些怪异。

此外，还有一种明显的错觉：我们自认为有能力理解现实。但事实上，人类的意识并未发展到足以理解现实的程度。而且我们也不需要这种能力，因为清晰的现实观并非生存所必需的。人类进化的目的是生存得足够久，完成生育任务。这个标准很低，结果导致我们每个人都生活在自己的小电影中——大脑为我们进行了虚构，来阐释我们的经历。

举例来说，假设你相信自己是转世而来的，你在前世是一名僧侣；我则认为，我的先知骑着一匹带翅膀的马飞往天堂。虽然这些"电影"极为不同，但"我们正经历着不同的现实"这一点对我们的生存无关紧要。只要人类能够生育并创造更多的后代，进化就完成了它的任务。进化并不在乎你是否看到了世界的本质，它只关心你是否制造出更多的"你"。

为什么说"人类是理性的"这一设想纯粹是无稽之谈呢？不妨举个实例。我的一名粉丝曾抄下共和党总统就职演说的内容，然后将它拿给一位自由派的朋友看，并告诉他这是民主党总统就职演说的内容。结果，这位自由派的朋友很喜欢。

哪怕是正在亲自观看某位总统的就职演说，不同的人也会有不同的理解与解读。这种观察层面的奇怪差异就如同同时在同一个屏幕上看到了完全不同的电影一般。如果你认为这种"双剧同屏"的情况很少见，那你大概生活在我所说的第二维度中。在说服规则所处的第三维度，"双剧同屏"的情况完全正常，甚至是惯例。

但如果我们每个人都生活在自己的小电影中，哪一部电影最好呢？我认为，最佳滤镜，除了能让人开心，还要能十分准确地预测接下来会发生什么事。

但就算我能让大家相信，说服滤镜是预测未来的最佳方式，人们大概仍然想知道，人类为何会产生如此严重的错觉却还意识不到。为了理解这一点，大家必须弄清楚认知失调和确认偏误这两个概念。它们几乎可以解释人们令人困扰的行为方式的方方面面。

05
认知失调：
每个人眼中的世界都是扭曲的

对于认知失调，有这样一种描述：

> 在心理学上，认知失调指的是，由于同时持有两种或两种以上的矛盾信念、观点或价值观，或者做出有违自己信念、观点或价值观的行为，又或者碰到与现有信念、观点或价值观相矛盾的信息等情况，个人所承受的精神压力或不适体验。

目前，围绕认知失调的科学认识已经研究得非常深入，但即便你对此了解得不深，也能成为一名优秀的说服者。你只需要了解认知失调的基本概念，并意识到它在你的日常体验中发生得很频繁，就足够了。因为你知道，通常的观点认为我们在 90% 的情况下是理性的，在剩余 10% 的情况下有点疯。但说服滤镜让我们了解到，**我们在 90% 的情况下都不理性。而且，这种不理性最主要的来源之一，就是认知失调。**

认知失调最常出现于人的自我形象与其观察不相符的时候。比如，如果你自认为是个见多识广的聪明人，但却做了一件看起来很蠢的事情，这种情况就会让你陷入认知失调的状态。一旦处于这种不适状态，你的大脑就会自动产生错觉来解决这种不适。此时，大脑会"告诉"你，新信息并不准确。又如，你相信自己很蠢，但这有违你想要的自我形象，因而也会让你陷入认知失调。一般情况下，你并不会去改变自我形象，除非这么做能为你带来更大的改善。

自我并不允许我们想象自己在 90% 的情况下都不理性。当人们认识到自己的行为不理性时，大脑会直接通过产生一种错觉来解释这一切，完全自发自动，这也是最简单的一种方式。有趣的是，当这一切发生的时候，人们毫无察觉。他人可能会很清楚地在某人身上看到这种认知失调的表现，但从性质上来看，正在"体验"认知失调的人并不能意识到。

如何发现认知失调

出现认知失调的时候，你会自发地产生错觉，形成一种"新现实"。对外部观察者来说，这种错觉也许看起来很荒谬，但对产生错觉的本人来说，一切都合情合理。因此，对于认知失调，你需要知道的第一件事是：你经常能从别人身上认出它，别人也能从你身上认出它，但认出自身认知失调的情况却极为罕见。

专业的催眠师偶尔能在自己处于认知失调的状态下辨认出这一情况，认知科学家有时也能做到这一点。但对于没有接受过说服术训练的人来说，认知失调体验与准确看待现实的感觉并无两样，他们无法分辨其中的差异。

认知失调的第一个"迹象"是理由荒唐。假如你有一个朋友是个"老烟枪"，他说吸烟对自己并没有害处，因为他认识的一个人每天抽一包烟，却活到了 100 岁。提出这种论点的人只是单纯地有烟瘾，但并不承认自己是因为脑子不清楚才没法戒烟，因为这有违此人的自我形象。而为了保持固有的自我形象，"老烟枪"便产生了一种个人错觉：他是世界上为数不多能够对肺癌免疫的人，而且他自己竟然知道这一点。

认知失调的第二个"迹象"是，有某个触发因素导致了不理性的行为。我们生活在一个非理性的世界里，人们不停地说着、做着荒谬的事情。有时候，人之所以会做明显的蠢事，完全是因为其自身的原因。而有时候，问题出在你这边：其他人做的事情看似荒谬，是因为你没明白他们为什么要这么做。在辨认认知失调的时候，你可能会碰到许多"假阳性"误报，由于任何地方都存在大量常规的不理性事件，像认知失调这种特殊的不理性很容易藏身其间。判断自己看到的并非常规不理性而是认知失调的最好办法，是寻找触发因素。任何促使人意识到自己的行为与自我形象相冲突的事物，都可以成为触发因素。

仍以吸烟为例，有些人承认自己有烟瘾，还说自己就是喜欢吸烟，所以能忍受高风险。这些人大概并未产生认知失调，因为他们准确地理解了其中的风险和因果关系。

但假如有个烟民或许因为他对自己的自控力信心十足，从而拒绝承认吸烟上瘾是抽烟习惯的核心，他就不得不创造出一种幻觉来予以解释：为什么一个有着强大自控能力的聪明人，会做出吸烟这种十分有害的事情？这种失调就是触发因素。这个人的自我形象跟他的行为不相符。

2016 年的美国总统选举，是规模最大的认知失调触发因素之一，它包含大规模生成幻觉的所有要素。

这其中，只有少数几个真正聪明的人从头到尾准确地预测了整个过程。就在这次大选的前一年，我曾在博客上写道：

> ……他的说服技巧将引发一系列互相矛盾且错误的解释，以求说明他为什么与人们的期待不相符。

换句话说，早在任何人当众提及之前，我就已经看到了形成大规模认知失调的条件。作为一名说服者，我能看到别人看不到的未来。这是一种习得性技能，而非通灵能力。如果你知道了导致认知失调的因素，那么，有时你隔着很远的距离也能看到它的形成条件。

果不其然，共和党的获胜引发了历史性的认知失调"集束炸弹"。在未接受过训练的选民和专家等观察者看来，公众的反应似乎混合了愤怒、失望、恐惧和震惊。但对专业的说服者来说，这是观看认知失调大戏的绝佳时刻。

大多数人并不喜欢这出戏码，因为他们看到，人们在最后没完没了地找"理由"，解释为什么共和党能赢。**这就是认知失调的第三个"迹象"，同一个情况有大量不同的解释。**

大选结束后的几天，美国有线电视新闻网（CNN）从网上收集了24种来自不同专家的解释理论。从整件事的背景来看，这些理论并非完全不合理，但在这个案例中，背景无关紧要。许多解释听起来颇为合理，但其可信度与辨识认知失调的要点没有关系。做出这一判断的线索不在于解释的质量，而在于解释的数量。

如果你碰到一种情况，它存在一个说得通的合理解释，那么这一解释说不定跟实际情况很接近。但倘若针对一种情况存在大量不同的解释，那这往往是认知失调的明显迹象。不管事后听起来多么合理，所存在的诸多解释都意味着人们在努力理解观察结果，并因此产生了不同的幻觉。

有专家曾指出，代表"变革"的候选人掌握着很大的优势，所以人们应该预料到这一天的到来。但如果"变革"模式预测性如此强，专家自己为何不用它来预测呢？所有候选人同样代表着重大变革，但他们都能战胜对手吗？

纵然许多事后解释都合情合理，但请记住，将各种各样的解释套用在过去发生的事情上，人人都会。庭审律师每天都在这么做。在庭审中，控辩双方陈述两种不同的叙事来解释各自观察到的事实，且两者听起来都足以让人信服。例如，在一起谋杀案件的庭审中，控方说被告持有杀人凶器，显然有罪；辩方则指出，被告的室友同样可以接触到凶器，因此有可能是被告的室友之一干的。同样的事实，不同的故事，两者听起来都非常可信。

辨识认知失调的征兆

多年来，我注意到，当一个人经历认知失调的时候，他身上会出现各种征兆，不妨参考下一页的漫画。

这组漫画的创作基础，来自我在社交媒体上观察到的常见模式。每当碰到有人受刺激而进入认知失调状态的时候，我几乎总能发现类似的反应模式。这一模式十分顽固，令人害怕。而且，只要看过我的描述，你随时都能发现它的身影。

据我所知，在社交媒体上，最常见的认知失调表现模式如下：

一个充满嘲讽意味的开场白 + 一种绝对荒唐的引申言论

或者是：

一个充满嘲讽意味的开场白 + 一种明显带有侮辱性的言论

对于第一种模式，通常，如果人们对自己所持观点找不到理性的缘由，而你又让他们意识到了这一点，此时不管你表达的观点多么合理，他们通常都会立刻将你的观点幻想成某种"绝对荒唐"的事情。这种"即刻幻觉"为批评者提供了一些他们能够轻易反驳的东西。比如在美国，如果

你在社交媒体上提出一个有力的论点：支持私人持枪。那么它随即会引发一些陌生人的认知失调，你可能会收到如下回应："呵呵，我猜你是想让婴儿持枪吧。"

"呵呵"代表嘲笑，而"绝对荒唐"引申的意思是，人们将你的观点错误地归纳为"让婴儿持枪"。社交媒体上最常见的嘲笑词和缩略语有：

- 哇哦（Wow）；
- 我的天哪（OMG）；
- 那么……（So…）；
- 你的意思是说……（In other words…）；
- 哈哈哈哈哈！（HAHAHAHA! 某种夸张的笑）；
- 我说老兄（Dude）。

这份清单并不详尽，但你应该已经明白了相应的模式。在社交媒体上，发帖开头通常包含轻蔑、嘲笑或讽刺的意味，接下来要么是一种往往言过其实且愤怒得过了头的侮辱性言论，要么就是将你的论点引申到绝对荒唐程度的言论。

有时，你也可以通过在别人身上观察到的相同征兆，来发现自己的认知失调。但这很难，因为认知失调的本质就是当局者迷，当局者看不出它到底是怎么一回事。如果你发现自己正在为本章提及的征兆找理由，说它们不符合你的情况，那么千万别忽视这样的信号。读完本书，你应该能对自己辨识基本现实的能力略有信心，从心理上接受自己会犯错的状态，无须再产生"自己是对的"的幻觉。

在此，我想对上述经验教训做一段免责声明：这些都是我基于个人的观察得来的个人观点。我建议你对此保持一定的怀疑态度，不过我还是要提醒你，随着解释的深入，你会发现这种模式会越来越频繁地出现在眼前。

如果你确实看到了这种模式，不必排除以下可能性——你和我都在经历确认偏误，并不存在什么真正的模式。

怎样知道自己打赢了嘴仗

出于对公众利益的考虑，我在自己的媒体平台上介绍了一种通过辨识认知失调来确认自己打赢嘴仗的方法。你可以从以下三个方面来判断：比喻、人身攻击和读心术幻觉。

比喻

比喻很适合用来对概念做初步的解释，但在辩论中毫无价值。比喻没有逻辑，也并非相关事实。从字面含义上说，比喻指的是你在某个维度上能想得起来的两种事物。比如当看到西蓝花时，你可能会想起人类的大脑，但这并不意味着你吃西蓝花沙拉时会想要吃人类的大脑。如果你的辩论对手退而诉诸比喻，说明他们已经没有理性的论点了。此时意味着你已经赢了。

想想看，水管修理工从来不会用比喻来告诉你哪里漏水了，他们只会指出问题，并告诉你哪里需要修理或更换零件。如果事实和理由就能解决问题，没人需要用到比喻。

人身攻击

当人们意识到自己的论点不合理时，他们会攻击与自己持相反意见的人。如果你在辩论中表现得很好，引发了一场大规模的针对你个人的攻击，那就意味着你赢了。如果人们有充足的事实和理由，他们会首先使用这类武器。只有等理性论据用完以后，他们才会对对方进行人身攻击。打个比方，一个人把子弹打完了，只好把枪扔向对方。

人在互联网上总是表现得很刻薄，但这并不一定是认知失调的征兆。而假如人身攻击又凶又猛，超过了局面所需，那这往往就是认知失调的征兆了。

读心术幻觉

读心术幻觉是指想象自己能够辨别出陌生人内心的想法和动机。我指的是陌生人没有说出口的想法和感觉，而非他们实际上所说的话。如果你的辩论对手退而诉诸神奇的能力，产生了从别处洞悉陌生人心里动机和精神问题的神奇想法，那同样意味着你赢了。

虽然我不知道有什么科学依据可以支持我对认知失调的描述，但通常而言，如果你的辩论对手脱离了任何事实和理由，并像我前面所说的那样转移话题，那就说明你赢了。恭喜！

将完全不同的解释套用到观察到的事实上很容易，因此不要相信任何无法预测现实的解释。

It is easy to fit completely different explanations to the observed facts. Don't trust any interpretation of reality that isn't able to predict.

06
确认偏误：
大脑压根儿不关心你是否了解现实

如果你没听说过确认偏误，也不知道它在日常生活中发生的频率有多高，那么这个世界可能会令你感到十分困惑。确认偏误是一种将任何新信息都阐释成支持自己现有观点的人类倾向。新信息是否符合我们的既定观点并不重要，因为我们会将自己的思想翻过来转过去，使得新信息感觉起来跟我们所知道的"事实"一致。

例如，2016 年美国大选期间，多家新闻媒体曾报道俄罗斯与共和党竞选员工之间存在"勾结"，但我们并未看到任何实际的证据。除了"勾结"指控，还有关于俄罗斯"影响"美国大选的报道，但这些故事跟"勾结"无关，似乎更具实质性。

有趣的是，共和党的反对者和支持者似乎从同一系列报道中看到了不同的现实。反对者说，"烟雾"这么多（与俄罗斯相关的指控），必然会有"大火"(勾结)；支持者则说，没有表明勾结的证据，由此，竞选者"证明"自己在"勾结"传闻上是无辜的。

实际上，双方的立场都很滑稽。

反对者看到的"烟雾"主要是他们自己创造出来的。只要有足够多的与俄罗斯相关的选举报道，你就会听到一群人在揣测是不是有黑幕，于是便开始认为"铁证"如山了。

支持者同样是在妄想，因为他们认为没有"勾结"的证据就证明竞选者是无辜的。但事实上，不能仅仅因为没看到某种东西，就证明它不存在。

支持和反对的美国公民，他们考察的是同一批信息，却得出相反的结论，而这两种结论都不合理。这就是确认偏误。尽管每个人的情况不一样，但平均而言，反对者自认为看到了某种不存在的事物，进而推论它是存在"勾结"的证据；支持者则自认为看到了另一种不存在的事物，进而证明不存在"勾结"。

如果不了解确认偏误，你大概会认为，新信息能改变人们的观点。但对专业的说服者而言，情况并非如此，至少涉及情绪时并非如此。人们不会仅仅因为某些信息揭示了自己的观点毫无意义，就改变对情绪性主题的看法。人类的思维"接线"方式可不是这样的。

不应该单纯依靠过去的经验来预测未来，原因有很多，而确认偏误就是其中之一。你在过去得知的那些事实，或许并非事实，而是确认偏误。

其实大多数人都知道什么是确认偏误，就算通过字面没明白过来，至少也亲身经历过。众所周知，对任何一件重要的事情来说，哪怕所有的事实都支持某一边，要改变另一边某个人的思想也仍然困难重重。未经过专业说服训练的人往往意识不到确认偏误有多么普遍。

其实，确认偏误并非人类操作系统中的偶发漏洞，它就是操作系统本身。通过进化，我们从本质上就认为新信息总会支持自己的现有观点——只要这么做不会妨碍生育。**进化压根不在乎人是否了解现实，它只在乎繁殖。**

进化还要求你应该为了重要的事情（如生存）保存精力。如果每碰到一些新信息，大脑就将你的现实阐释成一部新电影，这恐怕是最糟糕的状况了：既累得要命，又没有好处。于是，大脑选了一条阻力最小的道路：即时地对你的观察进行阐释，使其符合你现有的世界观。如此一来，事情就简单多了。

07
大规模错觉：
你对世界的很多看法都是无稽之谈

如果你不了解日常经验中出现大规模错觉的频率有多高，那你对世界的诸多看法恐怕都是无稽之谈。因为大规模错觉是人类的常态，而非例外。

如果不相信，我们可以做个实验，很容易一试真伪：问问你的邻居持有何种宗教信仰或政治观点。你会发现，你们的世界观存在明显的不一致。你肯定不会说，你的邻居和所有认同他们的人都生活在某种幻觉之中。比如，你可能认为死亡意味着人将会上天堂或者下地狱，你的邻居却相信人死亡后会转世——这怎么行？你和邻居不可能同时都对，你们当中至少有一方必然正置身于一场大规模错觉之中。

而且，这不仅仅限于你的邻居，在你看来，数百万人拥有相同的大规模错觉。

再比如，数百万美国人曾相信奥巴马是秘密穆斯林。这也是一场大规模错觉。

还有网络泡沫，这是对仍在亏损的初创企业价值认知的大规模错觉。而其他所有的金融泡沫同样都是大规模错觉。

接下来，我将具体地介绍几个著名的、更加骇人听闻的大规模错觉事件。网上也能搜到很多历年来大规模错觉的实例。大规模错觉正影响着我们每一个人。除非真的能打破咒语，否则我们根本无法判断自己是否置身其中。通过下面的实例，你会很容易看出其中的模式。只要你意识到启动大规模错觉多么容易，确认偏误又是如何添油加醋的，你或许就能渐渐地意识到它在日常生活中多么常见了。

塞勒姆女巫审判案

1692—1693 年，美国当局在马萨诸塞州的塞勒姆处决了 20 名女巫。这是美国历史上最臭名昭著的大规模错觉事件。而这一切始于 4 名少女，当时她们毫无征兆地开始痉挛发作。在这样的情况下，只要有一个白痴暗示这是巫术作怪，那么从这一刻开始，确认偏误便掌控了一切。一旦大脑滤镜采用了"寻找女巫"的设置，所有的证据都将与"女巫"框架相吻合。

奥森·韦尔斯的"世界大战"

1938 年，作家奥森·韦尔斯（Orson Welles）在电台播放了改编自作家 H. G. 威尔斯（H. G. Wells）的小说《世界大战》(The War of the Worlds) 的广播剧。切入频道时错过节目简介的听众误认为自己正在收听的是外星人入侵地球的新闻报道。

这是一起罕见的双重大规模错觉事件。第一重大规模错觉是听众误认为广播剧是新闻报道，相信外星人正在攻击地球。但这一"大规模错觉"并未影响太多人，因为当时广播剧的听众很少。第二重大规模错觉是，这一事件慢慢被传得越来越夸张，最终导致公众认为它是一场全美范围内的外星人入侵事件。

对此，我可以进行证实。在我还小的时候，我的父母告诉我，这套广播剧同时愚弄了美国大部分地区的人。然而，实际情况并非如此。该节目的听众群很小，而且，凡是收听了剧情简介的人，都知道它改编自一本小说，是一部虚构作品。

麦克马丁审判案

20 世纪 80 年代，加利福尼亚州曼哈顿海滩上一所学前儿童学校的经营者被控猥亵了 360 名儿童，并遭到逮捕。经过审判，这名经营者的所有罪名都不成立。后来我们才得知，在询问孩子时，调查人员使用了极具暗示性的提问形式，使得这些孩子编出了各种各样的故事。然而，没有一个故事是真实的。

我在催眠课上学习到，儿童比成年人更容易受到暗示的影响。凡是受过此类训练的人，都看得出这是怎么一回事。读完本书，你同样也能做到。

郁金香狂热

1637 年，荷兰人迷醉于新出现的郁金香，将用来种植的郁金香球茎的价格抬高到一名熟练工人年收入的 10 倍左右。每个人都知道，这种植物并无实用价值。但只要人们相信，如果出现另一个傻瓜以更高的价格从上家手里买下郁金香球茎，郁金香的价格就会继续攀升。但就像所有的金融泡沫一样，它最终也破灭了。

除了大规模错觉，我们还时常会接触到一些以假乱真的伪科学。从某种程度上说，我们很难分辨个中差异，而这也是引发大规模错觉的根源之一。

从第二维度的角度来看，大规模错觉很少见，根本不值一提。但对第三维度的专业说服者来说，大规模错觉很常见，它们无处不在，影响着每一个人。这种训练和经验上的差异，可以解释为什么人们在当今一些重大议题上难以达成一致的意见。

以全球变暖为例。来自第二维度的人认为，大规模错觉很罕见，于是他们将这样的假设应用到每个主题上。所以，如果他们注意到大多数科学家站在同一阵营，那种观察对他们而言就很有说服力。毕竟，一个理性的人难免会想要跟理解相关主题的聪明人士站在同一阵营。这听起来也很有道理。

但生活在说服术能发挥作用的第三维度的人，对气候变化往往有着不同的看法，因为这部分人将大规模错觉视为常态和惯例。对全球变暖这一话题，我从一开始就认为（我的"初始偏见"），哪怕经过反复的实验，哪怕有同行审议，科学家对气候变化将导致何种严重后果的看法也难免会出错。每一种采用复杂预测模型的情况，都拥有广阔的空间，来容纳伪装成理性的偏误。只需调整假设，就可以得出任何我们想要的结果。

还有另外一点：反对气候变化共识的科学家，在职业和声望上都将面临巨大的风险。这是产生大规模错觉的完美设置。因此，产生大规模错觉只需要以下两个条件：

① 存在一个复杂的预测模型，内含大量假设；
② 存在极大的财务和心理压力，驱使人们认同共识。

在第二维度中，随着时间的推移，科学方法和同行审议评审会消除偏误。但在第三维度中，假如包括同行审议人员在内的几乎所有人都有着同样的大规模错觉，那么科学方法也无法检测出偏误。

我不是科学家，也无法验证气候模型预测的准确性，但如果事实证明，与这一主题有关的绝大多数专家产生了大规模错觉，也并非不可能，甚至在我看来很寻常。在我所历经的现实里，每当涉及复杂预测模型时，就会例行出现大规模错觉；或者说，我总能预料到即将出现大规模错觉的情况。因为在我看来，这个世界本身就充斥着大规模错觉，它并不罕见。

每当普通民众与气候科学家站在同一阵营时，前者往往认为自己支持的是科学。而实际上，普通民众并未参与科学，也没有参与其他类似的事情，他们只不过是接受了科学家的意见而已。在第二维度中，这非常合理，因为成千上万的科学家总不可能都出错吧。但在第三维度中，我们可以接受"科学家们是对的"这种可能性，说不定他们的确是对的；但从我的经验来看，如果说绝大多数气候科学家正体验着共同的错觉，同样很正常，也很自然。

再说得清楚些，我并不是说大多数科学家在气候科学上搞错了，我只是在提出某种观点，即这一群人，如果正经历着一场与他们的财务和心理激励相一致的大规模错觉，同样很正常，也很自然。事实上，科学方法和同行审议过程，在某些特定时间内并不一定能捕捉到大规模错觉。就科学而言，我们永远不知道，对于真相的追寻，我们是走在路途之中，还是已经找到了它。有时，这两种情况看起来完全一样。

气候科学是一个容易出现两极分化的主题。相较于普通民众，专业的说服者不太容易为专家所动。

换句话说，如果一个门外汉怀疑科学真理，最大的可能性是，这个人搞错了。而如果一位专业的说服者对某一"科学真理"充满怀疑或提出反对意见，那就要多留点心了。

08
当现实一分为二：
我们生活在完全不同的现实中

2016 年美国总统选举结束时，现实分裂成了两部"电影"。共和党的支持者坚信自己选出了一位能够胜任的总统，并相信他能够让美国再次伟大。他们偏爱的媒体消息源头对此也表示认同。但反对者却认为"下一个希特勒"上台了。实际上，无论是支持者还是反对者，可以认为他们各自从两部不同的电影中清醒了过来：一部是励志片，另一部却是灾难片。

在这个世界上，我们每个人都在不停地运转，做着自己需要做的事情，以谋得生存。我们每个人都会购物、出行，都有工作和朋友。对我们来说，生活在完全不同的现实当中很正常，但通常我们不会像诸如总统大选等大事件之后一段时间里那样，如此清晰地意识到这点。

新任总统无法完全消除反对者对他的"负面"看法，除非他用另一部新"电影"取代前者在人们大脑中的地位。在此，他所使用的是一招常见的商业说服策略："新官上任"（new-CEO move），即他开始创建"备选电影"。对此，我在自己的社交媒上做了以下描述：

……政治作家会将这种情形阐释为例行的邀功、言过其实的宣告，商业作家则会从中辨认出商业战略："新官上任"。聪明的领导者总会在接任几天内就制造出看得见的胜利，以奠定基调。而这一切涉及的无非是心理学。

……但如果透过商业滤镜来看待，并能了解这一做法的关键在于心理，那么，你就会将其看成有史以来最绝妙的"新官上任"举措。

……还记得我过去一年教过大家什么吗？事实并不重要，重要的是你们有什么样的感受。……拼了命地保留就业岗位，这一情形将改变你们的感受……从表面上看，这仅是一桩小彩头，但实际上却是一场大胜利。

……老练的商人会觉察到这是"新官上任"举措，他们知道它有多强大，有多重要。

……

最好的领导者是那些能理解人们心理状态的人，他们能利用这些知识来解决公众心目中的首要问题。例如，投资者需要对未来秉持乐观态度，这样他们才能证明投资的正确性。新任总统也一样，他带来了对经济的乐观态度，并以"新官上任"举措加以强调。

经过这样的解读，你应该看出其中的模式了。

所以，对你所在职场的"新官上任"举措留个心眼儿。当你看到它以正确的方式得以执行，不妨保持乐观——即便批评家们错过了这出好戏也一样。

相比于现状，
事情的走向对人们的影响
更大。

People are more influenced by the direction of things
than the current state of things.

09
催眠师的自我修养：
人总是先做决定再找理由

催眠是一种特殊的说服形式，通常指的是催眠师指导患者或被试进行个人改善。要获得说服力，你不需要成为专业的催眠师，但必须弄清楚催眠能做什么、不能做什么。催眠可以改变一个人的整体世界观。我曾认为，人们是根据事实和理由来做决定的。当我不同意别人的意见时，我会得出一种假设：我掌握着不同的事实，或更好的理由。但实际上，这只是一种幻觉。

在练习催眠时会了解到，**我们出于非理性的原因会先做决定，接着再将它们跟事实和理由扯上关系，并对此加以合理化**。如果你认为人类基本上是理性的，那么你要想成为一名催眠师会困难重重，因为催眠师靠的恰恰是大脑中非理性线路来进行说服的。最出色的政治家也会这么做。

在本章中，我会介绍一些关于催眠的背景知识，向大家展示专业的操作员如何轻松地重新给人的意识"接线"。这一背景知识能帮助大家理解说服大师何以获胜，也可以解释有关于个人和事业生涯中的诸多"神秘"事件。

我从小就对催眠感兴趣。我的家庭医生是一名催眠师，在我妹妹出生时，他给我的母亲催眠，帮她止痛。我的母亲后来说，虽然自己被催眠了，但她对整个分娩过程仍有意识，并没有感到不舒服的地方。而且，据我的母亲所说，她没有服用止痛药。

事后来看，谁也说不清其中有多少真实成分。身为专业的说服者，我的一个重要心得是：人的记忆常出错。有时，成年人不会说实话。我的母亲是个坦率正直的人，我认为她并没有编故事。但她记住的所有事情真的都准确吗？比如，可能有人给她吃了止痛药，但她忘记了，这说不准。

不管怎么说，我当初相信了我的母亲的说法，并发誓总有一天要学习催眠。我希望通过学习催眠来拥有某种超能力。事实证明，我是对的。

25 岁左右，当时，我报名参加了当时某所催眠学校的晚班课程。在我的记忆里，包括我在内大概有 10 名学生跟着一位专业催眠师学习。我们每星期上两次课，一共持续了 10 个星期。那位老师多次对全班人进行催眠，好让我们亲身体验催眠。等他向我们传授了足够多的技巧之后，我们互相练习，还为乐意尝试的陌生人催眠（这是作业），汇报自己的进度。

不过，想要练好催眠，只从书本中学习是没用的，有些技能需要大量的面对面练习。在学习催眠的过程中，你要逐渐建立对自己技能的信心，直到受你催眠的人可以通过你的态度觉察到。这种信心对发挥催眠的作用十分关键。

催眠主要是一种观察技能。整个催眠过程中，催眠师有一半的时间是在被试身上寻找微妙变化，以判断自己采用的方法是否起到了预期的效果。要想掌握这种观察技能，需要经过大量练习。受到催眠的被试会呈现出一种难以形容的特殊模样。这样的经验，你无法从书本中获得，必须通过观察大量被催眠的人才能辨识出来。

通常，假如我说自己接受过专业的催眠训练，征召志愿者会很容易；但假如我说自己读了一本关于催眠的书，再想征召志愿者就没这么容易了。我们在课堂上学到的一件事是，对朋友和家人进行催眠效果不好，因为你需要克服大量的历史和心理包袱。而且与你亲近的人很难切入"你突然拥有了一项神奇的新技能"的状态。而对陌生人而言，即便你刚开始学催眠，他们也很容易接受"你具备一定的可信度"这一假设。**要让催眠发挥作用，你需要有可信度。**

关于催眠最令人感到困惑的一点是，你认为它能做的事情，它做不了；但你不知道它能做的事，如预测竞选结果，它却能让你瞠目结舌。

当初，我曾与许多专业的说服者交谈过，在我的印象中，没有哪个专业的说服者认为民主党铁定会赢。他们大多都预测共和党会大概率胜出，或至少认为两人的较量会不相上下。

你大概听说过有人利用催眠来减肥或戒烟。对于此类情况，催眠跟其他非医学治疗方法的效果差不多，换句话说，催眠通常并没什么用：通过节食减肥的人大都失败了，尝试戒烟的人也往往以失败告终。

催眠之所以不适用于帮助减肥或戒烟，其原因既简单又可笑：因为这些人并不想节食或戒烟。吃货喜欢吃东西，烟民喜欢吸烟——这才是问题的核心。如果人们不喜欢吃东西、不喜欢吸烟，他们根本不会这么做。**催眠只会帮助你得到想要的东西；如果你脑中有任何一部分并未完全接受你想要的改变，那么催眠通常派不上用场。**

但如果被试不反对改变原有的行为，在这种情况下，催眠的效果通常会很好。例如，假设有人想要克服某种恐惧症。此时，被试根本不想保留任何恐惧。因为恐惧既不能提供愉悦，也不能提供其他好处。在这样的情况下，催眠可以奏效。但如果需要同被试意识中某条不理性的"线路"对抗，催眠就很难成功了。

向他人展示自信，
无论是真自信还是装自信，
都可以提高说服力。
为了让别人相信你，
你必须先相信自己，
或者至少看起来相信自己。

Display confidence (either real or faked)
to improve your persuasiveness. You have to believe yourself,
or at least appear as if you do, in order to get anyone else to believe.

若说话者可靠，则说服力最强。

最适合催眠的情境，是没有任何先决条件需要加以克服的时候。这里所说的先决条件，可能包括非理性的恐惧、对垃圾食品的热爱、吸烟上瘾等。对于这些情况，催眠很难产生作用，因为人的部分意识想要保留这些行为。

但假如你想要达成的改变不涉及克服此类先决条件的话，那对催眠来说再合适不过了。举例来说，假如你原本就是个自我调节良好的人，想学习怎样更有效地自我放松，这时，催眠就会很有效。在这种情况中，被试不反对放松，只是没有合适的工具，而催眠便是一种很合适的工具。

此外，在私密的环境下，如果被试乐意，催眠师只需运用合适的话语，就能促使被试产生连续不断的愉悦感。当然，除非催眠师和被试之间"惺惺相惜"，并对这一结果有着共同的渴望，否则这种效果也不会出现。所以，如果催眠与人们渴望的方向一致，它就能产生强大的效果。

不过，催眠并不能让人们做清醒状态下明知是错的事情。通常，一个进入催眠状态的人实际上依然有意识，也有觉知，他只不过是处于深度放松状态而已。他随时可以睁开眼睛，随处走动。

所以说，很多影视剧中呈现的有关催眠的情节其实是不现实的。例如，在一些影视剧中，某人利用催眠将另一个普通人变成刺客，这在现实生活中是绝对不可能发生的。又如，在一些影视剧中，你应该经常看到某催眠师晃荡怀表或其他吊坠式的物品，让被试盯着它。而在现实生活中，没有哪个专业的催眠师会这么做，而且这种做法毫无用处。

那么，催眠到底是真的，还是骗人的花招？通常情况下，舞台催眠师似乎能使人们当众做出令人尴尬的事情，这一点好像违背了我刚提到的，即人在催眠状态下并不会做清醒状态下明知是错的事情。实际上，舞台催眠在催眠术之上又叠加了一层魔术花招，使人会假设舞台上的人跟自己想的一样。当你看到那些人做的事而感到尴尬，你会认为他们也有同感。但他们并非如你所想。在一百来人的群体中，很容易找出几个适合催眠又不会因当众出丑而尴尬的人。观众会产生一种错觉，即舞台上的被试深深受控于催眠师的咒语，以至于违背了自己的意愿，当众出丑。制造这一错觉的奥妙在于，在这种情况下，只有知道自己不会受此体验困扰的人才愿意登上舞台。

对舞台催眠错觉进行深度研究便会发现，许多被试在日常生活中都是一些内向型的"壁花类"[①]人物。但需要注意一点，许多著名的表演者也是内向型的人，但他们在面对大规模群体表演时并没有问题，因为人本来就很复杂。如果舞台催眠师拥有足够多的观众，他们必定可以找到一些愿意在舞台上做傻事的人：没错，被试被催眠了。但单凭这一点，不足以让一个不乐意当众出丑的人以身犯险。也就是说，"当众出丑"的意愿必须从一开始就存在。

其实就在刚刚，我使用了一招催眠术，展示了"我知道你在想些什么"。如果我猜对了，就能与你建立起联结，这种感觉像是我像认识一位老朋友那样认识你，仿佛我进入了你的大脑。有了这种私人联系，不管我写些什么，你都会觉得似乎很有趣，因为与陌生人比起来，你当然更在乎朋友。

同样，催眠师也会使用相同的方法与被试建立快速联结。如果催眠师在你正想某件事的那一刻说出这件事，催眠师就可以制造出一种错觉："不知怎么回事，我们心意相通。"而一旦联结建立，且被试对此联结感觉舒适，那么被试就极有可能允许催眠师进行后续的操控。

[①] wall flower，指在舞会或聚会中常待在角落，无人问津的男生或女生。这类人通常比较害羞、缺乏自信。——编者注

在上文提及的例子中，其实只要一开始介绍催眠，它就总能触发一个特殊的问题："舞台催眠是真的吗？"非专业的说服者若是被问及，他们大概会给出自己的答案。但对专业的说服者来说，他们会更进一步，直接在你正想到这个问题时告诉你"我知道你在想什么"。如果当时你并没有想到这个问题，你甚至不会注意到催眠师提到过它。你会将催眠师的话当作一段开题的简介。但如果催眠师准确地猜到你对舞台催眠很好奇，而且他们还在你没来得及提出问题时就回答了你的问题，那么你和催眠师之间就产生心理联结。因此，你会对催眠师的话更感兴趣。

对写作者来说，依靠这种技巧可以让自己的写作更具个性化，更有力量感。

什么样的人容易被催眠

很多人会说自己"很难被催眠"，因为他们试过，结果根本没有用。在我看来，经验丰富的催眠师可以催眠任何人，只要被试愿意。令人感到混淆的地方在于：大概只有 20% 的人可以体验到催眠师偶尔所称的"奇迹"。"奇迹"这个术语指的是，被试经历了完整的幻觉，比如，看到了不存在的事物，或感受到了不真实的事物。我的母亲在分娩时感受不到疼痛的经历就属于这一类。

但是，另外 80% 无法体验到"奇迹"的人，仍然可以从催眠中获得巨大的好处。如果你想学习如何放松，如何在特定的情境下感到舒适，或学习如何更精通某事，那么催眠是一个很好的工具。对大多数愿望而言，这已经足够好了。

一般人往往认为，催眠的理想被试者是那些轻信、愚蠢或意志薄弱的人，但从专业角度来说，没有任何一种人格特质可以作为催眠难易度的预测指标。虽然有一些案例表明，越聪明的人越容易被催眠，有人解释说大概因为聪明的人知道这并非真正的危险所在。但从一般规律上来说，无法从智力或个性上判断一个人是否更容易被催眠。催眠一旦开始，专业的催眠师可以通过观察被试身体对自己所提建议的反应，迅速判断出对方适合与否。一般来说，没有办法事先知道被试合适与否，被试自己也没法知道，不过他们一般自认为知道。这是一种"自我"幻想。自认为意志坚强的人大多数都认为自己没法被催眠，而顺从型人格的人通常认为自己容易被催眠。但这些特征实际上并没有预测性，因此这种看法可以说毫无根据。

催眠"超能力"

很多人认为，学习催眠的人只会运用自己所学的技能，对自愿的被试进行催眠。但事实上，学习催眠最大的好处是它会对一个人的世界观产生影响，并影响这个人的所有决定。催眠师能够亲眼见证说服的力量，亲眼见证对人进行"重新编程"多么容易，继而会改变其所做的一切。

拿我创作的"呆伯特系列"漫画为例。漫画中的呆伯特没有姓氏，他的老板连名字都没有。呆伯特所在公司的名称、地理位置及所属行业等信息也无从知晓。所有这些都是我有意为之的。这是一种催眠招数：我忽略了任何可能导致读者感觉自己跟漫画人物有所不同的细节。因为如果呆伯特有姓氏，他的姓氏说不定会"泄露"一些关于他祖先的事情；如果某位读者确切地知道呆伯特的背景跟自己很不同，这就有可能成为非理性的触发因素，此时读者没法跟呆伯特感同身受。同样，如果读者知道呆伯特的公司与自己所就职的公司属于不同的行业，读者说不定会觉得自己没那么投入了。所以，故意省去此类细节，可以使读者更容易想象——呆伯特的工作就跟我的一样。接下来，再来谈一谈催眠的其他用处。

在人们正想某件事的那一刻猜中它，并将其说出来。如果你猜对了，对方就会与你建立起"心意相通"的联结。

Guess what people are thinking — at the very moment they think it— and call it out. If you are right, the subject bonds to you for being like-minded.

想让他人接受你的想法，就要避免说出任何无关紧要的、会让人感觉"与我无关"的细节信息。为你说的话留出足够多的空白，让他人按自己的意愿随意填充。

If you want the audience to embrace your content, leave out any detail that is both unimportant and would give people a reason to think, That's not me . Design into your content enough blank spaces so people can fill them in with whatever makes them happiest.

测谎

学习催眠的一个意想不到的好处是，能够十分准确地检测出谎言。说谎的人通常会释放出欺骗的"迹象"或者线索。有些迹象表现为身体语言和面部的微妙变化，这与催眠师学习探测的东西一样。此外，说谎的人还会使用可预测的语言模式，只要掌握需要观察注意的线索，你也能觉察到。

例如，你指控一个无辜的人犯了罪，此人通常会立即否认你的指控，并质问你为什么会那么说。但有罪者的第一反应往往是问你有什么证据，他们需要对你所知道的事有所了解，这样一来，他们要么在说谎时会"打折扣"，要么招供。通常，只有在证据确凿无疑的时候，说谎的人才会老实招供。

恋爱

如果某人对你不来电，那么你没法让这个人爱上你，催眠也没有那种力量。但假如你跟另一个人自然而然地来电，希望一切尽量进展顺利，那么在这种情况下，催眠就非常有用了。

当然，我所说的不是催眠师让被试进入所谓恍惚状态的正式的"诱导"（induction），而是通过学习催眠汲取到对人性的认识。

一旦你知道人在 90% 的情况下都不理性，你就可以放弃试图通过理性和逻辑让别人爱上你的旧方法。爱情、追求浪漫和性行为，是人类最根本的非理性行为——如果从这个角度看待它们，那么将对你大有帮助。

例如，一个认为人类是理性生物的男性，可能会试图表现得超级友善，由此来吸引女性。这种做法似乎有道理，因为人们总是喜欢友善多过刻薄。但友善有时很无聊，而且只靠友善并不能让你们走很远。

相比之下，诱惑策略要好得多：参加任何一种你擅长的男女团体活动。无论优劣，当你展示任何一种天赋，它会触动其他人想要接近你的想法。这是人类天生的"生物硬接线"方式。天赋是宝贵基因的信号。所以，不必专注于友善，而更应该聚焦在才干、魅力、聪明、好身材或者其他显示你拥有优秀基因的事物上。

有些人存在一种误解，即由于好人总被发"好人卡"，所以，"坏人"必然具备某种诱惑优势。事实上并非如此。这是一种错觉，即认为具备财富、美貌等优势的人能够随心所欲地像个"坏人"那样行事，因为无论如何，他们都能吸引到他人。如果你还不明白什么才能更好地打动他人，你或许会遭到"坏人的爱情运都不错"这种观点的愚弄。如果你认为做人刻薄有助于吸引他人，那么你大概会看到行事刻薄的丑八怪频频得手。但你仔细观察就会发现：有魅力的人行事刻薄也无所谓，丑人就不行。所以说，魅力才是关键。

但也有例外，那就是所谓的"把妹达人"①的"否定"（negging）。"否定"意味着要对女性说一些负面（否定）的打压内容，但也不能太消极，会让她们没有足够的信心。这些人这么做是想制造出一种错觉：男方有着更高的社会地位，以此来触发对女性的吸引力。因为通常人们认为，社会地位高的人可能具有某种遗传优势，而女性更希望与有遗传优势的人交配，以便将基因传递给子女。

我在这里提到"把妹达人"，只是想提醒读者朋友，尤其是女性读者，要格外注意，以起到教育目的，同时也使得我所探讨的内容更完整。

---

① pickup artists, 简称 PUA。

沟通

你在进行沟通时，大多数情况下是在尝试说服，哪怕你自己并不这么认为。你或许曾试图让某人笑，或劝说对方购买你的产品，或想让对方爱上你或与你保持爱恋关系，又或许你想要向与你的工作有关系的人传达才能或知识。就最低限度而言，哪怕你的信息内容是中性的，大多数沟通也都是在尝试影响他人对你的看法。所以，说服和沟通有许多相似之处。如果你只学习诸如语法规则等沟通工具，却并未学习说服技能，那么你的信息会很无力，有时甚至会犯下严重的说服错误而不自知。

2015 年 9 月 16 日，美国共和党在某次初选辩论中就犯下了一个严重的说服错误。某位总统候选人用图片的方式来介绍一段所谓的堕胎事故视频，试图从混乱的局面下"杀"出一条路来。这位总统候选人采取这样的大胆举动，是为了将观众的注意力吸引到一个关键主题上。而实际上，她是在"自寻死路"，放眼任何领域，这都可谓最愚蠢的说服举动。在辩论的那一周，CNN 的民意调查显示，这位总统候选人的支持率为 15%，而一个月后，其支持率降到了 4%，她很快就退出了竞选。

如果没学过说服术，你或许会认为这位总统候选人的策略大胆而巧妙。它肯定能成功吸引到主流媒体和社交媒体的关注，而且这一招能将其言论定位成关键选举主题上最强有力的声音。这一举动令人难忘，且与共和党票仓的情绪相吻合——所有这些听上去都很美好。

但这也是这位总统候选人错误之处，错得比你在生活中任何领域有可能看到的事件更离谱，在政治上更是如此——她将自己的"品牌"与死去的婴儿"配对"了。

选民们绝不想花一秒钟去思考这位总统候选人与死婴的可怕故事。在我看来，任何人都不曾有意识地如此阐释上述情况。而人类也从来不会因为理性原因而做出政治决策。说服滤镜让人们认为，这位总统候选人失去支持是因为其在电视直播里将自己的"品牌"和人能想象到的最恐怖画面挂上了钩，而这玷污了她的"品牌"，使事态无法得到挽回。如果你让放弃这位总统候选人的选民解释他们改变立场的理由，他们大概会告诉你，他们更换候选人是因为理性——他们自己也相信这一套说法是真的。但按照说服滤镜的解释，他们是在不知不觉中给自己的非理性决定找到了合理的借口。

最后，关于催眠，我还想提醒一点，那就是：优秀的催眠师可以为学生留下超过实际价值的印象。因为如果一位催眠师都没法说服学生给自己留下好评，那么他也就不是一位优秀的催眠师。

说服术的力量究竟有多强

在网上搜索一段麦格克效应（McGurk effect）的视频，看完后，你很快便会惊讶于说服力的厉害之处。

经典的麦格克效应视频如下：在视频开始是一名男子的嘴巴特写，他反复在说 babababa。你会看到他的嘴唇做出"b"发音的形状，显然这很合理。

接下来，事情开始变得怪异起来。

视频配音保持不变，但这名男子嘴唇的动作却变了：他仿佛正在发出的是 fafafafa，而不再是 babababa。如同变戏法一般，在看视频的同时，你的大脑居然会将声音从"ba"变成"fa"。你知道这是一种错觉，也知道它是怎么回事，但仍然被它诱导了。你可以在男子说着"fa"和"ba"的嘴唇之间来回切换。实际上，声音从头到尾都是"ba"，但当视频中的男子的嘴唇动作发生变化，做出好像在发"f"的样子，大脑就会立刻将"ba"变成"fa"。

是不是感觉很奇怪？这其实是视觉说服力强于听觉说服力的一个绝佳的例子。即使我们知道这是一种错觉，视觉也会改变我们所听到的信息。

通过这段视频，你会意识到说服术的力量有多强。

本书旨在说明人类并不理性。我们通常会从一种错觉跳到另一种错觉，却始终将自己看到的事物当成现实。实际上，除了一些无关紧要的小事，如汽车需要加油了，事实和理性对我们所做的决定没有太大的影响。最重要的一点是，人是情绪动物，通常会在做出决定之后再找理由。

如果你是个正常人，你可能会认为，我夸大了人类的非理性。但 2016 年的美国大选就是一个很好的实例，共和党出人意料地击败了民主党，赢得了选举。我认为，当时大约有一半的美国人在那次选举中很明显地做出了非常不理性的决定。但是是哪一半人呢？一般而言，不理性的人意识不到自己不理性。所以，选举结果出来后，有一半的美国人都在指责另一半人不理性。

作为一名专业的催眠师，我可以颇有信心地告诉大家，这些人说得都没错。

WIN
BIGLY

PART 3

如何在竞争中利用"武器
级"说服术

10
积极思考就是力量

纽约市大理石学院教堂有一位非常有名的牧师叫诺曼·文森特·皮尔（Norman Vincent Peale）。他写过一本极其成功的畅销作品：《积极思考就是力量》（*The Power of Positive Thinking*），他也是美国历史上最重要的作家和思想家之一，曾影响了数百万人，其中就包括我。

皮尔曾告诉我，只要我以正确的方式思考，就能够做到任何事。这导致我出现了巨大的感知转变，我从为自己建造的思维监狱里走了出来。后来，我积极地将注意力集中在如下画面：有朝一日，我将成为一位富有且著名的漫画家，躺在沙滩上工作。

写下这段文字的时候，我正躺在沙滩上。

真事儿，不掺假。

皮尔很厉害，他真的非常厉害。

皮尔在书中将意识的力量、意识造就伟大人生的能力教给了人们。你想在某个新领域取得成功，接着你真的成功了，对这样的事情，美国的公众如今已经见证过不止一次。

关于皮尔，还有一件有趣的事情：在皮尔活着的时候，人们指控他是催眠师。显然，他极具说服力，有些人认为他拥有一套秘密技能。我不会将皮尔的方法说成催眠，但我会将他当作一位说服大师。

几年前，我了解到一种被称为网状激活（reticular activation）的说法。在本文中，它指的是大脑过滤不必要的信息、以便更容易找到急需的东西的天赋能力。通过这种能力，置身嘈杂的房间里，你虽然难以分辨其他任何词语，但别人叫你的名字时你却能听得很清楚。因为你的名字对你很重要，所以你的大脑为它设置了高度敏感的滤镜。总的来说，我们会注意到重要的事情，忽略不重要的事情。我们必须这么做，不然，大脑就会同时接收到周围环境发出的大量的信号，而这我们根本承受不了。

如果你经常谈判，关心谈判，那么你的大脑会锁定谈判和说服主题。你会将谈判塑造成自己的品牌，你的大脑也会主动开始识别环境中的其他说服方法，因为这是你的新滤镜。谈判对你来说越来越重要，所以无论是率性而为，还是蓄意使然，你都会去主动寻找与该主题有关的新信息。"谈判成为你的品牌"这一事实，甚至可以让你逐渐成为该领域的专家，因为你的滤镜设置的就是要吸收此类信息。而这一主题的信息吸收起来很容易，因为它不像高深莫测的物理学那样难以掌握。

学习催眠课程之后，我遇到过一次类似的经历。当我的滤镜设置成关注说服以后，我在任何场合都能看到它的身影：我更容易注意到跟说服相关的头条新闻，有更大的可能仔细阅读它们；我更容易注意到生活中的说服术，并分析相关环境以理解关键变量。换句话说，我仿佛成了一块说服知识的磁石。慢慢地，我也学到了很多关于说服的知识。"谈判高手"的情况与我很类似。一旦他将自己塑造成卓越的谈判专家，几乎就能保证他此后将学到大量有关这一主题的知识。

对天生的说服者来说，在说服时很难做到完美招揽。你大概会料到，未经训练的天生说服者会使用夸张、操纵情绪、运用视觉形象等方式来增强自己的说服力。比如，汽车销售人员运用的各种销售技巧。但所有这些技巧都是常识，并不能证明说服者接受过专业的说服训练。非常专业的说服者会在说服中展示更复杂的技术。而你越是知道自己要找某种东西，这种东西看起来就越像精心设计过的。

接下来的章节我将揭开"武器级"说服术的面纱，让大家看到里面十分壮观的"工程设计"。

11
技能掌握不必精通，但要全面

我在《我的人生样样稀松照样赢》一书里曾提到过"才能储备"这一概念，它指的是一系列能够彼此协调运转的技能集合，掌握这些技能的人极具价值，很容易脱颖而出。例如，假如一个计算机程序员同时知道如何设计优秀的用户界面，那么他就比不具备这一技能的程序员更有价值。通过才能储备，你可以很好地将寻常技能结合到一起，创造出非凡的价值。其中的关键在于，储备的技能必须彼此协调，配合流畅。**如果你能将寻常技能恰当地组合起来，那么即便你的任何一项技能都不十分优秀也无所谓。**

以我自己为例，我不是个天才画家，从未参加过传统的写作课，在自己的社交圈也不是最有趣的那个人，也没有了不起的商业头脑，但我利用完整的才能储备，使自己的每项技能都足够出色，最终成为一名著名的漫画家，获得了自己理想的事业。所以，每当你看到有人出乎意料地成功，不妨观察对方是否掌握了一套精心设计的才能储备。

我们在生活中也会遇到这样的成功者，如果考察他的任何单项技能，没有一种会给人留下深刻的印象。他在任何事情上都并不特别出色：不是最聪明的，不是最有经验的，可能也不是最好的沟通者，甚至不够讨喜。但这些不是最重要的，最重要的是，他所拥有的才能储备最优秀。让我们以"说服大师"为例，一起来分析下，要成为一名说服大师，需要具备哪些独特的技能组合。

宣传： 说服大师理解宣传的价值，也知道怎样宣传。说服大师甚至可以用数十年的时间制造争议，吸引公众对自己和对品牌的关注。说服大师虽然不是世界上最好的宣传专家，但大多数人都同意：他已经非常好了。

声誉： 说服大师会精心培育自己的声誉，他是一个知道如何成事的人。每当进入新的领域，这一声誉都能很好地为说服大师效劳。人们期望说服大师在未来表现出色，因为他在过去表现得不错。这种声誉可不是自发形成的。说服大师运用自己的技能创造了这一声誉。我们可以称为"塑造品牌"。

战略： 说服大师很擅长做出战略决策，无论是利用社交媒体等新兴广告方式，还是在摇摆者群体做更多的争取活动。说服大师的战略总是坚实可靠的。

谈判： 无论哪一位说服大师，无疑都对谈判拥有兴趣，甚至可以说是谈判专家。

说服： 说服大师的说服技巧很大一部分与他的总体才能储备有关。说服大师对说服工具的掌握是因人而异的。

公开演讲： 很多说服大师是娱乐性和挑衅味十足的公众演说家，虽不见得是世界上最好的演说家，但他们远超出平均水平，这对才能储备来说已足够好了。

幽默感： 幽默感是一种强有力的说服工具。幽默感会让人们喜欢你，还能让你显得更聪明。说服大师也许不像专业幽默作家那么有趣，但已经很好了。

反应迅速：当所有目光都集中在你身上，要在公众面前显得既轻松自在又神智敏锐很不容易，但可以学习。有的人或许天生反应就比较迅速，这样的天赋再与身为公众人物的所有实践加到一起，反应迅速就成了说服大师一项强大的技能。

脸皮厚：说服大师通常对批评的耐受度超强，他们能够一直容忍批评，有时甚至是羞辱。要知道，除非一个人知道自己能应对羞辱，否则，他不会以身涉险。而能应对羞辱也是一项宝贵的技能。能应对羞辱也并不等于不还击。事实上，还击是一种很好的说服方式，你可以用还击提醒他人，当你的朋友好过做你的批评者。

精力充沛：最好的说服者能将最强的精力集中到相应的话题上。大脑通常会将精力充沛"理解"为有能力胜任且具有领导力，哪怕事实并非如此。

体格与外表：由于生物性和社会的性别偏好，人类看到高大的男性人物当上领袖总是容易动容。如果你身材高大，模样也叫人过目难忘：表情严肃，发型少见。那么毫无疑问，你的外表会使你获得更强的说服力。

聪明：在我看来，说服大师远比普通人聪明。此外，那些在很多不同的领域都有丰富的经验的说服大师无疑拥有全面发展的智力。

说服大师的才能储备都非常强大，在我看来，他们具有将任何一揽子事件描述得天花乱坠的技能。

记住关于滤镜的两个重要方面：它们理应令你感到开心，以及能很好地预测未来。

如果你困惑于为何一位总统候选人在竞选期间立场变来变去的情况下，还赢得了竞选，滤镜对此进行了完美的解释：他非常具有说服力，而政策并不重要。所以，就算竞选者的政策模糊不清，换来换去，人们也还是会投票支持他。

我曾说过，滤镜不是通往现实的窗口。我们的大脑经过进化并未获得对现实的理解能力，人们的大脑中上演着不同的"电影"。因此，滤镜能否令人开心并做好预测工作才是最重要的。根据我的经验，在这两方面上，说服滤镜比其他滤镜的效果更好。

12
先同步，再引导

2015 年夏天，我开始尝试创作一部新的漫画，其中一个角色是一个"说话机器人"。这个机器人的任务就是读新闻。从这部漫画中，你可以了解到，什么是"先同步，再引导"的说服术。

无论是大型商业谈判还是总统选举中的辩论，经常会有一些语言陷阱存在。比如，你可能会遇到一些危险性问题，什么是应对这类问题的高明回答？我们不妨想象一下普通人会如何应对语言陷阱。大多数人会发表一些积极的言论，并尝试改变话题。但这种策略并不一定会成功。

将人们的注意力从问题吸引到答案上，创造一种能触发情绪的视觉形象，即使它都不是真正的答案。说服大师通常会选择这样的"武器级"说服术。视觉是人类的感觉中最具说服力的一种，在遇到对群体对象的指责时，将目标引到一个众人能认得出来、想象得到的真人上，这是一种绝佳的说服技巧。

说服大师的第二条说服技巧是与受众建立联结。这在专业上叫作"**先同步，再引导**"说服术，即你需要先与你的听众的情绪状态相匹配，以求获得他们的信任，之后你便处在了引领的位置。

说服大师通常还使用抢占制高点这一说服技巧：将问题从过去的芜杂范围带出来，上升到另一种层面——假如你的做法会给世界造成伤害，你还会这样做吗？"武器级"说服术能将"攻击"转化为纯粹的能量，接着将这股能量转移到最适合的地方。这绝非寻常技巧，而是很特别的东西。

我写过一篇极具传播性的文章：《小丑天才》（Clown Genius）。这篇文章里，我就使用了上述说服术，我没有直接进入主要观点，而是先迎合读者，认同他们对当时总统候选人的看法。一旦与之建立信任感和可信度，我便开始引导他们的看法。

这就是说服术中确定步调的部分。接下来，我开始想办法引导读者更进一步。至于我到底是怎么写的？你不妨去看我的那篇文章。

当然，说服术并非在所有情况下都能很好发挥作用。生活往往是混乱复杂的，有很多影响因素在发挥作用。然而，在并没有多么混乱，也没多么复杂的人为创建的环境，其目的就是要限制变量。在这种环境下，一位说服大师可以占尽优势，而一个专业的观察者可以看出前者所使用的说服技巧。这就是"先同步，再引导"为什么如此吸引我。

13
利用 9 种说服力武器

相较而言，某些说服形式要比其他的说服形式更强大。我在这里所指的是广义的说服类别，而非具体的工具。接下来，我将按照相对力量的高低列出广义的说服形式。排在最前面的是力量最强的。另外，请注意，越靠近前面的"情绪"主题，其说服力比后面的"理性"主题越强。当然了，这一排序完全基于我个人的说服经验。

说服储备不是科学，所以，我建议你将它看作一种方向上的引导。以下是几种的广义说服形式：

- 巨大恐惧；
- 身份认同；
- 较小恐惧；
- 愿望；
- 习惯；
- 类比；
- 理性；
- "五十步笑百步"；
- 咬文嚼字。

对我而言，视觉说服的力量大于口头说服，对此我将在后文进行更详细的解释。此外，大部分说服储备可以通过任何方式来传达。在实践中，用视觉呈现一种较弱的说服形式，其力量有可能比书面或口头呈现的排名更靠前的说服形式更强。例如，以视觉形式展示的较小恐惧，其说服力往往比用学术讨论的形式展示巨大恐惧的说服力更强。但在沟通方法相同的情况下，说服储备排名一般是站得住脚的。

现在，我将对各种说服储备进行逐一梳理，从最弱的形式开始。

咬文嚼字

咬文嚼字形容的是试图通过调整词语的定义来赢得辩论，这样的做法无法战胜理性。但其实无所谓，因为事实和逻辑并没有多大的说服力。如果他人的逻辑性不好且又未自我意识到，往往会出现咬文嚼字的情况。大多数人在多数情况下都会如此。所以，这种不动脑子的说服形式，远比其他形式出现的概率大。

在历次美国总统竞选时，关于咬文嚼字最明显的例子是堕胎话题。辩论双方都试图宣布自己对"生命"的定义最准确，并希望借此赢得辩论。大多数人都同意，保护人类生命是最重要的优先事项之一，而一旦反堕胎的一方将胎儿定义为"生命"，就可以赢得辩论，无须借助任何实际的理由或逻辑。人们为什么会尝试用这种方式赢得辩论，原因很容易看出来。然而，另一方不可能仅仅因为一个词语定义的调整就改变自己原本的观点。因此，咬文嚼字根本就没有说服力。

随着技术的进步，我们需要不断地重新评估胎儿意味着什么。但事实上，这完全不合情理。按照"生命"的定义，一种实体是不是生命，与当前的技术水平应该毫无关系。辩论双方都同意，胎儿靠自己能做什么，不能够做什么。如果一个人宣称对胎儿的科学描述与他个人理解的定义相吻合，而另一个人却说与自己的看法不吻合，那么，这场辩论就没有可供展开的余地了，双方充其量算是打了个平手。

2016 年，美国大选期间就充斥着大量的咬文嚼字的实例。共和党的建制派想凭借咬文嚼字这种最糟糕的说服形式来保护自己，防止被能将各种说服武器信手拈来的说服大师攻击。专业的说服者从一开始就能看出这一状况的发展势头，最终共和党建制派不堪一击。

"五十步笑百步"

在美国总统大选期间，民众们经常会在电视上看到专家们说对手正在做或过去做过同样的坏事，以捍卫自己一方的议题。虽然这种做法可以填补电视时间，或许还可以为谈话增加一些信息，但对民众来说，这种做法绝不会有太强的说服力。其中的问题在于，**它将辩论双方都看成了顽皮的孩子。在这样的框架之下，不会有赢家。**

这可以看作一种"五十步笑百步"的冲动。辩论的一方不希望对方宣称其"品牌"地道纯粹，同时将自己这一方说成作恶的坏人，所以必须抹黑对方。但"你们那一方也曾这么做过"的抹黑力度并不大，力度更强的抹黑应该是抢占制高点，对此可以参见后面的相关章节。

抢占制高点的要旨就是要将辩论从"孩子吵架"的模式中解放出来，重新设定框架，将自己打扮成一个成年人，向其他"孩子"解释事情该怎么运作。例如，先从说服力不强的做法开始，即宣称对方同样糟糕。

伪善的互相指责

1 号专家：对方没有采取足够的措施来结束街头暴力。

2 号专家：别忘了你那一方也失败了！

结果：平局。双方都很糟糕。

抢占制高点

1号专家：对方没有采取足够的措施来结束街头暴力。

2号专家：我同意。不过我们从那以后学到了很多东西。我们在一些城市尝试了不同的方法，有些城市的效果比其他城市更好。我们正试着找出最佳实践策略，看看能不能将其推广到其他城市。

结果：1号专家被框定为只会抱怨、什么也做不了的"孩子"。2号专家展示了成年人应有的认知，即如何一步一步地解决问题。

请注意，一开始要完全接受对方的批评。如果你同批评方辩论，那么将始终跳不出"孩子吵架"的框架。如果你接受批评，并举出自己学习和改进的实例，你就进入了成年人的制高点，将对方甩在了身后。所以，每当你听到"五十步笑百步"的说法，说不定也能从中找到抢占制高点的机会。

理性

人类喜欢将自己想象成理性的生物，但事实并非如此。正如我在前文所说，实际上我们会先做决定，再找理由，只不过我们感觉不出来而已。这就是为什么我在网络上经常说"事实和政策不重要"。事实和政策对结果当然很重要，但就说服而言，事实、政策以及理性几乎没用。

不过也有例外，那就是所做决策不涉及情绪性内容且同时拥有所需的一切信息时。在这种情况下，我们能够运用自己的理性能力。比如，我们可以根据自己所掌握的事实，从多个卖家的不同商品当中选出价格最优的商品。只要我们对主题没有投入过多情绪，理性和事实就能发挥相当大的说服力。一旦我们在做决策时消除情绪，就会只依赖理性和事实了。

抢占制高点，将自己塑造成某个群体中的智者。这能逼迫对方要么加入你，要么被塑造成不成熟的"孩子"。

Use the High-Ground Maneuver
to frame yourself as the wise adult in the room.
It forces others to join you or be framed as the small thinkers.

但对于现实世界中的大多数主题，如人际关系、职业选择及政治立场等，我们都很情绪化。而这些主题可以影响我们所做的其他一切事情。例如，在一段恋爱关系中，如果不考虑对另一半的情绪影响，我们很难获得任何有意义的事物。所以，由于我们身边总围绕着其他人，即便对最客观、最简单的选择，随着时间的推移我们也难免会产生情绪。

此外，我们甚至对垃圾都会产生情绪。以美国很久之前的垃圾回收运动为例。仅宣传回收垃圾对地球有益，政府的确能够说服一些民众；但将垃圾回收变成半公开的流程，可以让更多的民众遵照执行。访客也会注意主人家中有没有垃圾回收箱，并据此加以判断。从表面上看，垃圾回收与资源管理有关，不过这种无聊的话题并不会激发人们采取行动。但由于垃圾回收有着半公开的性质，人们不希望自己看起来很糟糕，所以一旦得知有人监督，人们自然就会对垃圾进行回收分类。通常说，人们都试图避免社交尴尬。

垃圾回收的社会压力并不仅仅局限于邻里范畴。孩子们会时刻提醒父母进行垃圾回收，因为他们在学校里学到了相关内容。因此，为了搞好垃圾回收，很多双眼睛都在盯着。垃圾回收带来了极大的社会压力，但如果你问人们为什么要进行垃圾回收，他们会说这么做对地球有益，而不会说他们这么做是为了避免社交尴尬，为了符合自己"环保人士"的身份，或者为了给孩子树立好榜样。

垃圾回收的例子很好地反映了我们是如何处理生活的其他方面的。有时我们可以获得理想的数据，而有时我们会利用自己有限的理性力量，但数据和理性通常服从于感受。我们告诉自己以及其他任何会聆听的人，我们是理性的决策者。事实上，这通常是一种错觉。

"理性人"的错觉有事实的支持：有时候，我们的行为的确是理性的。我们每天做的所有小事，可能都是出于理性。例如，我们为了预防蛀牙而刷牙，设置闹钟以便能按时醒来，等等。所以，我们的日常生活体验来自我们所做出一个又一个理性决策。因此我们相信，自己在做与爱情、金钱和生活方式等有关的重大决策时，同样是基于理性的。不过很可惜，这种认知是错误的。这主要是由认知失调和确认偏误引起的。人在做非理性的决策时，比如与一个明显很不靠谱的人结婚，总能找出很多的理由。但这些理由都是借口。这些借口以及决策上的"理性"体验，导致了一种错觉：我大部分时候——包括做重大决策的时候，都是理性的。

还有一个事实对上述错觉也进行了推波助澜：即便是重大的非理性决策，同样建立在许多理性想法之上。比如，如果一个人正在寻找爱情，他可能会运用理智，不会找死人、蹲牢房的犯人等，因为这样做不会有好结局。由此看来，我们确实是通过理性来缩小选择范围。但最后一锤定音时，我们的非理性思维则又会将种种偏误、期待和恐惧都用上，此时理性思维却还在"兜圈子"。等完成这一非理性决策时，我们会向自己和其他人解释，这是理性思考的产物。

然而它并不是。

你可能在某个电视节目的街头采访里看到过这样的视频：节目组故意恶作剧，将共和党的政策立场说成是民主党的政策立场，并询问民主党的支持者是否同意这些立场，结果很多人都同意。更夸张一点儿地说，就算将共和党的立场和民主党互换，抹去我们对其原有观点的记忆，结果也是一样。

实际上，无论是两位总统候选人谁提出何种政策，都没有关系。因为人们只会根据自己的偏见作出决策。在大选的最后阶段，这是选民很典型的做法，因为两名候选人都具备履行总统之职的能力。所以，人们用自己的偏见来打破僵局，而等到事后，人们会想象自己所做的决策完全出于理性。

当你攻击某个人的信念时，即使你的论证无比严密，对方也不大可能放弃该信念，反而会越发固执己见。

When you attack a person's belief, the person under attack is more likely to harden his belief than to abandon it, even if your argument is airtight.

类比

类比是解释新概念的一种好方法。例如，当我将公司研发的软件形容成"跟优步应用程序一样，只是没有优步汽车"，这意味着，所有的朋友在接近目的地时，都可以在软件上将自己的位置共享给他人。

这一类比，只是我描述自己的应用程序的起点。一旦我建立了基本概念，就可以添加细节，他人也就有了可增添新信息的框架。这是解释新想法的一种合理的方式。因此，**我们可以通过类比为他人建立记忆结构，接着再用细节加以修饰。**

虽然类比对解释新概念很有用，也很重要，但有一点需要强调：**类比的说服效果实际上很糟糕。**

大多数人相信类比是最好的说服方式之一，这在很大程度上解释了为何网上很多关于时政要事的争论似乎都以希特勒的比喻告终。这种现象非常普遍，被称为"高德温法则"①。但仅因为网上有人将候选人比喻成希特勒，会有多少人改变自己的观点呢？直接攻击往往会让人们更加强化自己的观点。

类比不具有说服力，有以下两个重要原因。

第一个原因是，类比是一种伪逻辑，与咬文嚼字很像。对不熟悉逻辑和理性机制的人来说，他们认为类比好像能发挥作用。如果没有用，如何解释"希特勒类比"为何广为流行呢？难道迄今为止就没人注意到？

其实，这是因为人是不理性的。如果某种事物感觉起来似乎有用，大多数人就会得出它确实有用的结论。我们没有时间也没有资源对自己所做

---

① 高德温法则（Godwin's law），1990 年由麦克·高德温（Mike Godwin）提出的一种说法，即当在线讨论时间不断延长时，参与者将用户及其言行同纳粹主义或希特勒类比的概率会趋于 100%。换句话说，网上很多人看到自己不喜欢的人或物就会将其与希特勒类比。——译者注

的每个选择进行科学探究，所以我们会运用"常识"和"内心直觉"来应付。这就是典型的世界观。但说服滤镜让我们意识到，常识和内心直觉与一厢情愿差不多。

大多数人都自认为具备常识，然而，所谓的常识到底是什么样子的，彼此之间却无法达成一致的意见。人们会产生一种错觉：自己拥有"常识"，其他许多人则不然。而说服滤镜会将它推进一步：没有人具备常识。从滤镜的角度来看，有时我们会做出很好的选择，有时则不能。如果事情出了错，我们会怪罪环境或运气不好；又或者，根据常识，我们会认为这种失手只是例外。如果事情变得有利于我们，我们则相信这是因为自己有常识，它能很好地为我们效劳。这两种情况都是事后找借口罢了。

一种常见的现实观认为，人类可以根据潜意识想法和身体感知的某种组合来做出正确的决策。我们喜欢用诸如"预感""本能""直觉"等字眼来证明这一决策过程的合理性。说服滤镜使我们意识到，这只是我们给如下尴尬事实找的一个借口：我们并不依靠理性感知来做决策。如果某项决策涉及大量的事实，我们也可以接触到所有的事实，这时我们很可能会幻想自己是运用理性的力量来做出决策的。但如果我们意识到自己并没有掌握全部事实，我们就会幻想自己在用直觉弥补差距。在上述两种情况中，我们的行为都不理性，且会在事后试图给自己找借口。这就是说服滤镜的认识。

如果真有所谓的现实，说服滤镜并不会试图来解释它。在我看来，它是一种可用来理解世界、预测接下来会发生什么的实用性滤镜。如果一种现实滤镜能让人开心，其预测效果也不错，那么，它大概就是一种很好的滤镜。

我们再回到类比上来。

类比不具有说服力的第二个原因是，它在定义上就不准确。它为辩论一方的人提供了各种各样的"弹药"。一旦人们拥有足够多的"弹药"可供防御，就没人会改变自己原来的看法。事实证明，糟糕的类比提供的所有"弹药"

都是"空包弹"。由于类比没有说服力，对类比的批评同样如此。如果争论类比的细节，那并不是在说服，也并未接受说服，只是在浪费时间而已。

对于还不了解某位争议对象的人来说，将其与希特勒类比是有效的，这并非因为类比具有说服力，而是因为这个类比很好地向人们做了初步的解释。请记住，类比的优势就在于解释新概念。将争议对象比喻成"新希特勒"，这为许多不太了解此人的网民填补了空白。而这也将我们带到了另一个说服主题：锚点。

对一个新话题，你所听到的第一件事会自动成为你脑海里的锚点，使得你之后的观点产生偏误。在下页的漫画中，呆伯特的对头首先找到呆伯特的老板，说呆伯特是个骗子。这令呆伯特老板的滤镜"期待"呆伯特说谎，而确认偏误又几乎能保证他将来仍然会如此看待呆伯特。

但如果呆伯特先向老板投诉，他就能保住自己的信誉，日后任何人想说他是骗子都要大费周章。所以在第三维度的说服世界中，先下手为强。

你常常能从优秀的谈判者身上看到这种技巧。他们常以低得离谱或高得离谱的报价，使对方产生相应的偏误。举例来说，假设你提出想做我的顾问，但我并不清楚你的服务是否物有所值。如果你告诉我的第一件事就是有些客户支付你 1 000 美元的时薪，那么与你告诉我你的时薪是 100 美元相比，我很有可能会答应给你一个更高的价格。初始数字成了心理锚点，难以撼动。这就是为什么你应该始终第一个给出报价，哪怕双方说的是完全不同的情况也是如此。（参见罗伯特·西奥迪尼的《先发影响力》）

再比如，假设你是一个老板，你打算将自己的公司卖掉，你与潜在买家都不知道公司价值几何。一家企业，只有在它拥有不错的前景时才是一家好企业，但将来又是未知的，因此任何人购买一家特别的企业都难免会产生大量的偏误和猜测。作为卖方，你会想要向买家提及完全不同背景下的其他家所出的高价，以为他打好铺垫。通常即使信息来自不同的背景，这么做也足以让对方对高价产生锚点。

例如，如果你希望自己的公司以 500 万美元卖出，在谈判开始前，你不妨随性在谈话中提及某亿万富翁花 2 500 万美元买了一艘游艇。这说不定会有帮助。一旦 2 500 万这一数字"钻进"了买家的脑袋，即便它与你要卖的公司毫无关系，也会形成锚点。这可能会有助于你获得高价。

当初，我和创业伙伴开动脑筋琢磨如何向投资者介绍我们的产品时，我们想到了很多可行的方式，它们全都建立在事实之上，非常合理且完全没有弄虚作假。不过，最终我让团队用类比来作开场白，即把我们的产品比作办公应用程序领域里的新玩家，与 Word、Excel、PowerPoint 等价值数十亿美元的产品一样，而且体积更小，功能更便捷。这一开场设想，令投资者朝着广阔的机遇抛下了锚点。

这样的框定是否有违道德呢？取决于实际情况。我不会用这种方法与家人或朋友谈判。但在商业环境下，双方都会使用这种商业级的说服方式，就像没人会只带一把刀去参加枪战一样。在商业谈判中，双方都应该至少预料到，对方会采用一定的夸张和"销售"技巧。运用与对手一样的说服工具是否符合道德，大家可以自行判断。

就我们公司的产品而言，我们将它与办公软件类产品类比完全恰当，所以我们支持这样做。如果我们在进行宣传之前，主动谈及最近的独角兽初创公司，从消费者潜意识的心理联想中受益，这种说服就显得比较卑鄙了。这种情况下，没有有用的信息，纯粹就是说服术，你可以对其道德性有所质疑。我不会在亲朋好友身上用这一招，但我会在商业谈判中使用。

人类的大脑会对自己最初听到的事物形成偏好。如果我们接受最初听到的事物，它往往会变成一种非理性的信念，如此一来，它就很难被撼动了。如果你的朋友也在强化这一信念，它会变得更加坚定。

从说服滤镜预测角度来说，原本就有好感的人不会被类比说服，无论如何巧妙地运用这一技巧都没用。但对那些还未形成坚定观点的人来说，类比很容易形成一个难以撼动的锚点。细节无关紧要，重要的是两者之间的联想。这引出了我的另一个观点：**联想比理性重要**。

将争议人物与希特勒作类比之所以有效，不是因为它合乎逻辑或有说服力，而是因为任何两种事物之间的联想都具有说服力。如果你长年累月地用两种事物做类比，它们的特质就会在非理性意识中融合。类比会造成一种错觉：如果两种事物有任一共同点，说不定它们会有大量共同点。

综上所述，类比本身并不具有说服力，但假如类比仅仅是一种说服性联想的载体，那么，尽管类比的细节显得很荒唐，联想对某些人而言仍然具有说服力。

既然类比适合用来解释新概念，不妨用类比来总结上面的观点：如果类比包含了强烈的负面联想，我们可以将这一类比看成枪套，将负面联想看成枪：枪有说服力，枪套没有。

习惯

如果你想让某人试用一款新产品，不妨将它跟现有习惯的某个部分关联起来，这样会有所帮助。例如，人们通常遵循着固定的洗漱习惯，如先剃须，接着是淋浴、化妆、梳头、刷牙等。如果某个市场营销天才暗示，人应该每天服用一次维生素，那么，维生素行业就会被嫁接到上述习惯中。通常来说，对身体而言一次性服用可能不是最佳的吸收方式，因为有相当一部分药物都会迅速地从体内排出。从生物学的角度来说，最有效的维生素摄取时间安排，是一天之内少量多次服用。但作为营销人员，如果想提高维生素的销量，你就应该将这种习惯挂靠到人们现有的日常惯例上——每天一次。这样能提高维生素的使用黏性。

换句话说，如果一家维生素销售公司想仅靠人们每天随机服用维生素——想在什么时候吃就在什么时候吃来提高销量，那么"服用维生素"这一行为恐怕不会如他们所愿成为人们的固定习惯。而早期的维生素营销人员巧妙地说服我们，应该将这一行为融入现有的日常习惯。如今在美国，刷完牙即服用维生素已成为一种自然而然的行为了。

第一家运动追踪软件制造商也将习惯为之所用。逐渐地，人们将健身手环戴在胳膊上，作为早起穿衣惯例的一部分。

这种说服形式，即将新行为嫁接到现有习惯上，一般对政治并无助益，因为大规模的全国性话题并不符合人们的日常习惯。习惯在政治领域发挥作用的主要方式是新闻消费。所以，如果想利用人们的习惯来影响政治，可以将新闻节目命名为《早安，乔》（*Morning Joe*）一类，这可以提醒人们，这档节目可以融入早间习惯中。

我将自己在社交媒体上的节目命名为《与史考特·亚当斯共饮咖啡》（*Coffee with Scott Adams*），也是出于习惯说服的原因。我想让人们将我发表的内容与他们的早间咖啡关联起来，以便成为其习惯的一部分。根据用户的评论，这一策略很有效。人们告诉我，我的节目已成了他们早间习惯的一部分，要是哪一天我偷懒没做节目，他们还会想念它。

说到偷懒，我想起了另一个说服技巧，你可以去看之后的说服秘技 15。

愿望

改变人们的愿望并不容易，除非对方的愿望有害或危险，否则你没有理由这么做。但将你的故事嫁接到人们现有的愿望上，则可以提高自己的说服力。在产品营销中，这种情况很普遍。比如，苹果公司告诉你，公司产品将帮助你发挥创造力。在很多人看来，提高创造力是一种愿望。而一些金融服务公司则告诉你，他们会帮助你实现经济独立。这也是大多数人的愿望。

研究表明，不可预测的奖
励比可预测的奖励更容易
令人上瘾。

Studies say humans more easily get addicted to
unpredictable rewards than they do predictable rewards.

所以，如果一名总统候选人说，他将以多种多样的方式让国家变得更安全、更富裕、更伟大。这就是一招出色的愿望说服术。

相比而言，如果他的竞选口号是"一起强大"（Stronger Together），这话虽然听上去很有吸引力，却很难让人感觉到雄心壮志，它更像是在防守，让人觉得志向不够高远。因为对于需要帮助的人来说，保持稳定的道路并不是远大的志向。

所有的竞选口号中都充满了变革的力量。以我之见，作为一个独立的概念，变革本身在选举当中并不具有说服力。说服的活性成分在于变革的是什么，志向更远大的说服变革的力量更强。

大大小小的恐惧

恐惧可以极具说服力，但并非所有跟恐惧相关的说服都如此。为了最大限度地提高恐惧的说服力，请牢记以下几条原则：

- 强烈的恐惧比普通的恐惧更具说服力；
- 个人的恐惧比普遍的国家性问题更具说服力；
- 脑中想得最多的恐惧比偶尔想起的恐惧更具有说服力；
- 带视觉元素的恐惧比不带视觉元素的恐惧更具有说服力；
- 亲身经历过的恐惧，如遭遇犯罪，比统计数字更具有说服力。

身份认同

如果你没有机会吓唬人们去做你希望他们做的事，那么，利用身份认同是个退而求其次的强大说服技巧。只要人们看到了"群体"的存在，就乐于支持自己所属的阵营。如果考虑性别、种族、年龄、财富、宗教、政党等种种属性，所有人都会同时属于多个群体。人类会本能地支持自己所属的群体。这无关思考。

从进化的角度来看，这种本能有其意义：自己所属团队里的人，是帮助自己求生的人；其他所有团队的人，都想要杀死自己，或者想夺走自己的资源。在进化的过程中，我们逐渐变得更偏爱与自己有某种实质相似点的人，而且跟他们在一起自己也会感觉更安全。这种支持自己团队的本能，使得大型体育运动成了桩大买卖。只因为球队与自己来自同一个地方就支持它，这在逻辑上说不通，但人们就会这么做。这是一种本能。

将来如果有人做某件令你反感的事情，别攻击他的行为，相反，你要问他是不是就想做这样的人。虽说每个人都有可能会做坏事，但大多数人都认为自己是好人。如果你提醒对方的身份认同，以及他们对自己身份所抱有的愿望，你通常会见识到认知失调以及隐含的改变承诺。具体可能会像这样：

对方："我喜欢破坏对方的政治广告牌。哈哈。太有趣了。"

你："你想要变成那样的人吗？"

对方（有些认知失调）："呃，我只是以前做过一次，因为当时我正跟鲍勃在一起，还喝了点酒。"

很明显，这种方法不适用于孩子以及早已建立了无恶不作"品牌"的成年人。但如果你发现某个正常的成年人正在做某件逾越了其核心身份认同的事，偶尔你可以瞬间将他"变成"与其偏好身份相符的人。只要指出差距，仔细观察，就可以了。

身份认同的巨大力量

下面是一个我之前说过的故事。关于说服力在整个人类历史中的重要性，可以通过这个小故事来感受。故事中涉及的历史细节经过了创造性的加工，但并不影响对说服重要性的理解。另外，读完这个故事对理解后面的各章也会有很大帮助。需要提醒的是，在读这个故事的时候注意你所产生的感受。

许多世纪以前，一位年轻的修行者发现了利用语言控制人类思想的秘密。因此，有人称他为历史上的第一个巫师。

而这一切始于这位修行者的一个简单发现：如果将人们描述得更好，人们就会自动地调整自己的思想，迎合修行者对自己的描述。起初，修行者通过这种方法一次只能控制一个人，但很快他就学会了如何控制一群人。

后来，危险不期而至。

修行者拥有神秘力量的消息传遍了整个王国。国王于是派出士兵追捕修行者，想趁他的力量未能与自己抗衡先杀掉他。

可惜还是晚了。

因为已经料到自己会死，于是修行者疯狂地工作，设法将自己毕生所学提炼成四个字。但由于担心自己死后这些字与它们蕴含的巨大力量会落到坏人手里，于是，修行者便在卷轴上写下这四个字，并命令手下将它们藏到词语迷阵中。修行者希望，有一天有人能找到这些隐藏的字并解开其意。他希望到时候，世界已为面对这种力量做好了准备。

几百年过去后，这四个字流传了下来，但没有一个人能够理解它们的真正含义。许多人都进行过尝试。为了理解这四个字，并消除附于它们周围的迷惑之语，人们甚至为此打过仗。但一切都是徒劳的，因为这些字隐藏得太好了。

又过了几百年，在另一个王国，突然有五位聪明好奇的修行者各自独立地破解了原来那位修行者隐藏起来的信息，解开了这四个字中所蕴藏的力量。

凭借这四个字的力量，五位修行者各自积累了名望和权力。很快，他们每个人都开始注意到另外几人不寻常的成功，比如：

一个长得毫不起眼，但却能吸引到任何异性。

（这是一个迹象，也是一个信号。）

一个没有余财，却过得像个富人。

（这也是个迹象。）

一个可以单凭言语就能激励他人去做了不起的事情。

（这同样是个迹象。）

几位修行者相聚在一起并分享了各自的秘密。在当时的人们看来，他们都是好人，不过他们依然引起了国王的注意：拥有如此多权力的人会对王位造成威胁。于是，国王派出军队讨伐他们。

几位修行者听说了国王的计划后，决定联手抵抗。

长得不起眼的人被派去迷惑另一个大国的国王，并劝说后者为自己这一方而战。他成功了，但还不够。另一位则利用自己的力量，建立起一支激情昂扬、可以为他誓死而战的军队。其他的修行者则操纵平民的意见，筹集资金以抗战。

几位修行者知道自己存活下来的概率很低，于是他们效仿原来的那位修行者，也创建了词语迷阵来隐藏自己的秘密，并希望未来有人能够释放出其中的力量。

在与国王的部队进行了长期的血腥战争之后，几位修行者及其众多追随者居然打赢了。战争结束后，几位修行者都活到高龄，最后安宁地死去。

几位修行者创造的几个字，不仅改变了当时的世界，也在此后一直充当着人类操作系统中的最重要"代码"。凭借这几个字，人们推翻了独裁者，征服了山川，不用再忍饥挨饿。

也许有一天，有人会改进修行者们留下的"代码"，但至少到现在为止，还没人发现比这更美、更有力量的字。

这几个字就是：我们人民……（We the People……）

原来的那位修行者的四个字也流传了下来。虽然它们已经从词语迷阵里脱了身，成了流行文化的寻常一部分，但无论在原来的四个字周围放上多少字，都不能改变其所传达的意思。在当初的时代，这四个字提醒人们可以做更好的自己。

这四个字是：唾面自干 [1]。

---

[1] 此处的英文原文是"Turn the other cheek"，是基督对其信徒的教导：如果有人打你右脸，你就把左脸也给对方打。这跟中文语境下的"唾面自干"的意思完全相同，形容受了污辱，极度容忍，不加反抗。——译者注

14
奠定基调：施加先发影响力

为了提高自己的说服力，我通常会告诉人们，我是个专业的催眠师，熟悉所有影响力的工具。我在催眠课上学到，一个人如果期待被说服，那这个人就很容易被说服。如果在别人眼里，你的说服技巧可信，那么他们就会说服自己，认为你能够说服他们。这样一来，一切都会变得容易起来。任何形式的可信度都具有说服力。这就是为什么医生和律师会将自己的学历证书贴在墙上好让人都能看到，高端顾问则会穿昂贵的商务套装。当你发出可信度信号时，人们就会期待你对他们产生更大的影响。人类的大脑连接天生如此：我们几乎会不由自主地服从专家。

同理，一旦你向世界证明自己是一位出色的谈判者，那么这一现实版本就会变得自圆其说。**人们如果期待被你说服，那你说服他们就容易多了。**

另外，根据专业的催眠知识，催眠服务如果收费的话，那么顾客就更容易被催眠。而且，顾客花的钱越多，就越容易被催眠师催眠，因为收取更高的价格会为催眠师的技能赋予更高的感知价值。这就是为什么应该找付费顾客来练习催眠。我曾在某刊物上刊登了一则广告：用催眠术追溯前世记忆。有趣的是，在我看来，与志愿者相比，付费顾客的确更容易被催眠。愿意为催眠付费的人更有动力，而且这会产生很大的影响。付费顾客认为我的催眠技能是商业级的，因为他们正在为相关体验付费。这是一种理想的说服铺垫：被试想要受到他们所期待之事的影响。

我并不相信轮回之说，不过在学习催眠期间，我对此保持开放态度。通过催眠，付费顾客详细地描述了他们想象中的前世。而这些"记忆"实际上是我故意制造出来的。这些顾客描述的都是在大众电影主题中经常出现过的"前世"，如他们往往"记得"自己是美洲原住民、埃及女王、维京海盗，以及其他著名的历史人物，但没有人"记得"现代人不熟悉的前世。

为说服奠定基调，可以从许多显而易见的元素着手，比如穿衣打扮、展示自己的证书等。但认知科学家发现了一个更深刻、更可怕的层面：只要向人们展示经巧妙选择且跟说服主题完全无关的图像和想法，就可以影响人们日后的观点。关于这一主题，最适合阅读的著作是罗伯特·西奥迪尼的《先发影响力》。书中举了这样一个例子：在提出政治问题之前，向被试展示美国国旗的图像。看到美国国旗图像的人，立即变得更倾向于共和党立场。当然，正如西奥迪尼所说，这种事前引导并不适用于每一个人，但也没必要去影响每一个人。如果你正在说服大规模群体，如潜在客户或选民，说不定只需要打动他们当中 5% 的人，你就能反败为胜。

认知科学家掌握了很多此类先发影响力的例子。从人们如何回应的角度看，许多例子并不那么明显。比如我猜不到看美国国旗图像会让人倾向于共和党立场；我也猜不到让人们倾听关于慷慨的故事，几分钟后人们就会在无关的主题上表现得更为慷慨。可它的确就有这么神奇。

理解先发影响力的最佳方式是，我们可以认为它创造出了一种情绪状态，令人从无关主题转向说服主题。如果美国国旗让美国民众感受到爱国主义，而在这些人心目中，爱国主义与共和党的关系更为密切，那么无论这种想法理性与否，都足以进行说服了。

如果你想让父母给你点奖励，不妨先让他们看一段人善待宠物的视频，然后说出你想让父母做的事。父母从观看这样的视频中所感受到的情绪状态很可能会让他们放松戒备，继而更善意地看待你向他们提出的要求。**先发影响力或奠定基调，其实就是创建能延续下去的精神或情绪联结。如果你搞对了情绪，且可信度高，那么在任何人意识到你有所举动之前，你的说服任务已完成了一半。**

以下是一份清单，在将来进行说服时，你不妨用它们来核对自己的基调奠定得怎么样。要确保自己：

- 穿与情境相适宜的服装。如果你穿得像个知识渊博的专业人士，人们会认为你的意见和建议是可信的。说服起来就会更容易。

- 通过饮食、运动、头发护理等方式改善外观。有魅力的人更具说服力。

- 以一种看似自然而不夸张的方式展示自己的资历证明。人们仰慕才干，讨厌吹嘘。

- 将自己塑造成赢家。如果人们期待你赢，那么他们会产生偏误，这能促成你赢。

- 在你能控制的、最能给人留下深刻印象的场合与对方约见。这能创造一种物理和视觉上的印象，有助于你展示自己的力量、才干和成功。

- 提前设定期待。如果人们预测你将提出过分的要求，结果你答应降低标准，他们会很高兴。如果人们预测你会在谈判中表现得更出色，他们会不知不觉地偏向这一结果。

- 利用想法和图像施加先发影响力，让人们的思维框架与你即将进行的劝说大体保持一致。例如，如果你想让某人对你很慷慨，那么你可以用一个无关的善意故事来刺激对方。

● 展现出十足的精力。精力充沛的人更具说服力。所有人都会为精力所吸引。

以上这份清单能帮助你奠定说服基调，但还不够。你仍然需要大量的技巧。接下来，我们就来谈谈技巧。

如果一个人相信你精于说
服，你就很容易说服他。

It is easier to persuade a person who believes
you are persuasive.

15
注意力走在事实之前

　　每当出现大规模混乱和复杂情况的时候，人们会不由自主地转向最有力、最自信的声音。**人类不喜欢不确定性，所以那些能提供简单清晰答案的人，总能吸引我们，哪怕他们的答案是错误的、不完整的也一样**。说服大师就是这样的人，他们可以提供人们所渴求的清晰性，因而能够在混乱中脱颖而出。如果环境趋于平静，熟悉社交媒体和新闻行业的技巧娴熟的说服者，也可以通过制造混乱轻松地为自己创造有利条件。

　　银行业有句老话：如果你从银行借了 100 万美元，那么银行基本上吃定了你；但如果你从银行借了 100 亿美元，那么你就吃定了这家银行。这是因为，银行放弃 100 万美元这笔微不足道的贷款并不会承受太大风险；但假如银行被迫注销 100 亿美元的损失，它的生存恐怕要碰上大麻烦。因此，银行必须与大手笔的百亿级借款人合作，并尽可能地重新谈判条款。而百万级别的借款人就没这么走运了，在这种情况下银行拥有制胜的能力。

　　竞选总统期间，竞选者从新闻圈里吸走所有能量、使竞争对手毫无招架之力等诸多策略，与此同出一辙。假如你缩手缩脚地进行选举，主流媒体将吃定你：在讨论你的竞选形势之前，他们会像对待小丑一样对待你。所以聪明的竞选者从不缩手缩脚，而是非常强势、大张旗鼓地参选，此时媒体没有别的选择，只能将焦点放在这样的人身上。

如果你对劝说、策略或新闻媒体的商业模式了解不多，那么你大概会将这种行为看成自恋和搞怪表现，除此之外再无他意。你可能会问：哪个精神正常的人会如此故意发起挑衅，吸引从不消停的负面新闻报道？而说服大师会这么做。额外的批评是物有所值的痛苦代价，因为它吸走了所有媒体的关注，使得其他主要挑战者都被打压得无声无息。

这正是真正的说服大师的高明之处。胸口中了一箭会害死自己，但假如有1000支箭，那么只要排列合当，说服大师就能稳稳当当地睡在箭尖，这与睡钉床是一个道理。就像假如你将箭紧紧地捆在一起，那没有任何一支箭头会承受过多的重量一样。故意招引无数的攻击，从而有效地让攻击丧失其效果，这不正是巧妙且蓄意取得媒体与外界关注的方法吗？

说服大师努力创造出"自己是最重要的人物"的印象，即便人们恨他恨得牙痒痒。因为如果某个人很重要，人们就会开始觉得他必然具备一定程度的能力，而具备某种能力通常会让人显得重要。我们的思维已经先行启动，将重要的、能干的人看成领导者。追随最重要、最能干的领导者的这种本能，可能比事实和政策更具影响力。

人们喜欢确定性
胜过不确定性，
即便这种确定性是错误的。

People prefer certainty over uncertainty, Even when
the certainty is wrong.

16
关键词与贴标签，
设计"一击必杀语"

在 2016 年的美国大选期间，共和党竞选团队为对手起了一个又一个朗朗上口的绰号，而且似乎每个绰号都"贴切至极"。民主党竞选团队也试着为用绰号反击，但都失败了。这绝不是巧合。共和党阵营为对手起的绰号每次都会当着现场观众的面加以检验。以下是一些成功的绰号：

- "低能量杰布"（Low-energy Jeb）;
- "说谎的泰德"（Lyin' Ted）;
- "小马可"（Lil' Marco）;
- "骗子希拉里"（Crooked Hillary）;
- "宝嘉康蒂"（Pocahontas①）;
- "哭鼻子的舒默"（Cryin' Chuck Schumer）。

相比起来，民主党阵营起的绰号就显得平庸不少：

---

① 原为电影《风中奇缘》中的印第安公主，在此用来嘲讽的是美国女议员伊丽莎白·沃伦（Elizabeth Warren）。

- "唐老鸭"（Donald Duck）；
- "危险的唐纳德"（Dangerous Donald）；
- "呆朗普"（Drumpf）。

即便没有接受过说服训练，你也能看出双方所起的绰号的水平差距，但你可能分辨不出共和党竞选团队起绰号时运用的所有技巧。如果你认为这些绰号只不过是寻常的侮辱，那你对说服大师的说服"工程"设计就一无所知了。本章我将为大家好好梳理其中的关键。

共和党竞选团队起的绰号威力有多强呢？在我刚听到"低能量杰布"的那一天，我就预测杰布·布什（Jeb Bush）的竞选之路到头了。2015年8月17日，我在博客上发表了自己的看法。当人们第一次听到这个绰号时，没有一个"专家"会想到这个绰号会对选举产生如此大的影响。但我看出了它所具备的力量，因为我的大脑有辨识说服术的滤镜。后来我慢慢地观察到，共和党竞选团队在选择绰号上存在一种模式，即他们使用的是在政治竞选中不常见的词语，例如"低能量""骗子""说谎"等，出乎人们的意料，又令人难忘。

这些绰号非常贴切。比如，杰布·布什确实显得精力不足。在被刻意指出之前，所有人好像都没有意识到这一点。正是说服大师告诉我们要观察这一点，我们才产生了这样的偏见。

随着时间的推移，绰号将变得令人感觉越来越贴切，越来越有力。我们都知道"说谎的"泰德·克鲁兹（Ted Cruz）将来会说一些与事实不符的事情，因为所有的政客都如此。在确认偏误和绰号的引导下，假以时日，哪怕以后克鲁兹准确而诚实地进行陈述，人们也会质疑他。

说服大师给他人起的绰号就是为了进行战略性对比而设计的。给对手贴上"说谎""骗子"这样的标签，缩小你跟竞争对手之间可信度的差距，为自己抢占制高点。

"说谎的泰德"

美国政客之间传统的互相谩骂用词太繁杂、太无聊，且毫无特色，也没有"黏性"。比如给对手贴上"自由派"的标签，这只会让人感觉太没水准了。

政客们经常指责彼此说谎，但他们通常会视具体情况而定。将对方称为"骗子"这种行为十分少见，但也更具挑衅性，会被看作一种"不善交际"的表现。但这个微不足道的"错误"有助于抢占制高点。虽然它略微超出了人们对政客的心理预期，但却能引人注意，容易让人记住。

但说服大师显然还想从"说谎"这个词中再挤出一些甜头，于是使用了 Lyin' Ted 的写法，而不是"Lying Ted"。这是一种很好的"品牌"塑造手法，它与我们在宣传上看到的任何手法都不同，它能让人有理由停下来，去思考 lyin' 和 lying 有何不同。这种手法确实很重要，但主要仅在于它能让人停下来琢磨。这种技巧就是为达到说服目的而精心设计的心理暂停（mental pause）。人们只要花时间思考，就已经有助于记住这个名字了。这其中还涉及预设的说服技巧，在本例中所指的就是泰德·克鲁兹说谎的概念。人们不明所以地接受了这个概念，因为他们花时间琢磨了 lyin' 这种最佳拼写方式。这的确是一种强有力的说服设计。①

"说谎的泰德"这一标签还包含另一个很有说服力的元素，通常被大多数人忽视掉了，而专业的说服者能注意到——在设计绰号的时候，说服大师就瞄准了将来会出现的确认偏误：他挤占了人们的大脑，让人们通过他的滤镜去眺望将来。只要泰德·克鲁兹说了任何人们认为不真实的事情，

---

① lyin' 和 lying 没有事实上的区别，前者是后者的口语简写形式。——译者注

人们就会立即想到"说谎的泰德"这一绰号，进而强化两者之间的关联。其原因在于，我们的意识总会不合理地将我们想得最多的事情放在首位。

在当时，克鲁兹有多大的概率会说让人觉得不真实的事情？百分之百。因为他是参加政治竞选中的政客，不可能不说些不真实的事情，至少人们是这么想的。这是一个完美的未来陷阱。为了以政客身份存在下去，继续做候选人，"说谎的泰德"注定要说更多的谎言，而确认偏误将帮助人们发现比他实际所说的更多的谎言。

此外，这其中还包含视觉元素。克鲁兹很倒霉，他天生有一种"贼眉鼠眼"的骗子样貌，看起来很不老实。如果你是一位电影导演，肯定会让他扮演坏人角色。

当然，我对克鲁兹的诚信记录一无所知，也不知道他与其他任何政客相比是更好还是更糟，我的观点仅限于克鲁兹的外表和他的对手的说服术，与实际情况无关。在这些层面上，"说谎的泰德"看起来确实像那么回事。而"说谎的泰德"这个绰号像胶带一样牢牢地被贴在了泰德·克鲁兹身上。这是一种新奇的政治措辞，它具有挑衅性，让人们从克鲁兹"说谎精"一样的脸上找到了对应的视觉元素。说服大师设计这个绰号的目的，就是在确认偏误的影响下，使得该绰号慢慢地变得越来越有说服力。

可见，这是一种多么精妙的说服术。

"小马可"

竞选对手为参议员马尔科·卢比奥（Marco Rubio）起的绰号"小马可"（Lil' Marco），也是一种出色的说服设计。在美国人看来，不存在"小而好"的东西，"小"本身就是个负面词汇，它适用于卢比奥的方方面面：从个性到潜力，再到他对国家的计划，当然，还有他的身高。按正常标准来看，卢比奥并不矮，但他比竞选对手矮，这就很"要命"了。每当人们看到他俩站在一起时，就会想起这个绰号。这同样是一种很用心的说服设计。

在美国，"小"并不是典型的政治侮辱，但它听起来很新奇。而将Little简写为Lil'，它就变得更加新奇了。

卢比奥的外表与这个绰号相符：他有点娃娃脸，作为一个政客看起来太年轻了。

这个绰号导致了一种确认偏误：每当人们看到卢比奥站在比他高的人身旁时，就会想到他的"小"。从美国历史上看，身材较高的总统候选人通常更容易赢得大选。之所以如此，是因为人类倾向于将体格阐释为一种领导素质。这种本能可能是从穴居时代遗留下来的，正是这种本能让我们将"小"本身看作一个负面词汇。

"宝嘉康蒂"

美国参议员伊丽莎白·沃伦则被竞选对手称为"宝嘉康蒂"。沃伦曾一度说自己拥有美洲原住民血统，但她无法证实这一点。很明显，她的家族认为自己的祖先是美洲原住民，所以她并没有说谎，只不过她搞错了。

每当美国民众听到这一绰号时，就会想象沃伦身着全套美国原住民服装的模样，从这个意义上说，这个绰号充满视觉元素，它会让人停下来思考。如果有人不了解这一绰号援引自哪个人物，他们可能会上网搜索，这样一来，他们就会记住它。"宝嘉康蒂"同样是一种新奇的政治侮辱，它提醒选民：沃伦过去曾与一些说不清道不明的真相问题产生过联系。

此外，这个绰号透露出一股傻气。它很容易成为模因（meme），会很受互联网喜爱。它所透露出的傻气减损了沃伦的信誉和庄重感，人们之后再听到她说话，脑海里会同时浮现出她脸上涂着油彩、头戴着羽毛头饰、跳着美洲原住民战舞的模样。美国民众很难再认真地对待她。这一绰号将沃伦的可信度削减到最低。

游戏里出现了怪兽"哥斯拉"

2016 年美国大选中出现了一个有趣的花絮，涉及一位重要的参与者，我为他起了一个绰号："哥斯拉"。之所以选用这个绰号，是因为我不确定他是否真的参与了"战斗"。我认为，那年夏天我在竞选消息中看到了他的身影，但我需要更多的证据。

"哥斯拉"指的是拥有哥斯拉般的超级影响力的人。打个比方，这个人能够将火焰喷射器从竞争对手手中夺走，并掉转火力，将竞争对手烧成灰烬。如果我猜对了，选举便将首次成为一场公平的对决。没有"哥斯拉"在身边，竞选者可以说是手无寸铁，孤立无援；而一旦"哥斯拉"进入战斗，所有的赌注就都清空了。这样的事情在电视上是永远看不到的。

参议员伯尼·桑德斯曾经争夺过民主党的提名，他的竞选活动令人刮目相看。桑德斯在方方面面可以说都超出预期，他甚至贡献出了那届选举中最好且最有说服力的电视广告。范德堡大学后来还将它提名为选举中最有效的广告，宣称它令人感到开心，充满希望。实际上，这则广告的确令人振奋，鼓舞人心。它运用的是身份认同的说服技巧——有着最强烈的积极说服力。桑德斯找对了信息，展示了真正的说服才干。

尽管桑德斯最终还是输了，但许多观察者都对一头乱发、预算紧巴巴且毫无个人魅力的桑德斯的出色表现感到惊讶，认为他做出了令人印象深刻的竞选表演。当时的民意调查甚至显示，桑德斯将成为强势候选人。当你看到某人的表现超出预期太多，这往往是采纳了说服大师的策略的迹象。奥巴马和比尔·克林顿也是说服大师，或有说服大师为他提供意见或建议，他们的表现都超出人们的期待。

但桑德斯并不是一位说服大师。在接受未经预先彩排的采访时，他没有表现出相称的才干。这意味着可能有一位说服大师在为他做顾问，让他将主要的信息正确传达，他的竞选广告说不定也有这位说服大师的功劳。

以下是我当时在博客上的描述：

> 如果大家在共和党大会之后跟进媒体报道，大概知道民主党及其代言人形容共和党大会上的演讲为"黑暗"。最初听到这个词后，我以为是某个聪明人士偶尔为之，后来其他人竞相仿效。
>
> 但事实并非如此。
>
> "黑暗"是来自左翼的一击必杀语。坦率地说，我起初并未意识到它的厉害之处。它绝非出自业余人士之手。这一星期，民主党竞选团队展开了伏地魔式的攻击，释放出"黑暗"咒语。这一招很棒。
>
> 它独一无二，在政治语境下，人们从没听过"黑暗"这样的形容词。故此，它令人难忘，且黏性很强。它本身不带包袱，因为其他任何政客都没被人贴上过这样的标签。
>
> "黑暗"让人想到黑色，而黑色让人想到种族主义——不管何种政治环境都一样。
>
> "黑暗"还可以用来形容任何可怕的事物。听众会自行填补出自己心目中最可怕的恐慌噩梦。这是一招催眠技巧——对细节进行留白，让人们填补上最能说服自己的故事。
>
> 我认为这个词对选举形势不会有太大改变。但这已经表明，民主党竞选团队中至少有了一位世界级的说服人士/顾问。我觉得我应该知道这个人是谁。这种一击必杀语总会留下线索。如果我猜对了，那么"哥斯拉"正进入赛场。

后来我得知，这个人曾在 2012 年的美国大选中为奥巴马做顾问。我一开始根本不知道他以前为总统竞选活动出过力。但据《纽约时报》的报道，他的确做过。2012 年 11 月，奥巴马意外获胜后，《纽约时报》的报道如下：

> （奥巴马的）竞选班子，还有一支无偿的学者顾问小组。这个小组自称为"行为科学家协作组"，简称 COBS，曾为如何反击有关奥巴马的虚假谣言出谋划策。这个小组曾建议如何在竞选广告中描述共和党对手的个人特点，还就如何动员选民提供了基于研究的建议。

文章后面提道："协作组的组员包括普林斯顿大学的苏珊·菲斯克（Susan T. Fiske）、加州大学圣迭戈分校的塞缪尔·波普金（Samuel L. Popkin）、亚利桑那州立大学荣誉退休教授罗伯特·西奥迪尼、芝加哥大学商学院行为科学及经济学教授理查德·塞勒（Richard H. Thaler），以及哥伦比亚大学心理学家迈克尔·莫里斯（Michael Morris）。"

罗伯特·西奥迪尼的名字赫然在列，他的新书《先发影响力》在选举日那天刚好上架。

《先发影响力》这本书教读者如何将某个念头植入他人的思想，以极微妙的方式影响未经训练者的想法。本书前面曾提到过一项研究，即向志愿者展示美国国旗的照图，接着问他们偏爱哪位政治候选人。先前看了美国国旗的志愿者更有可能倾向于选择共和党候选人。这就是**先发影响力：提出问题之前，你就已经向听众施加了影响力**。

我们再回到"黑暗"这个词。

"黑暗"是先发说服。"黑暗"这个词会在人们大脑中设定滤镜，令其看到邪恶。"黑暗"不是常规的词汇，甚至不是常规的影响力。"黑暗"是先发影响力。

不过，西奥迪尼真的是我所称的"哥斯拉"吗？

当时我不能肯定。我的一位特稿作者曾想追查西奥迪尼的下落，求得回应，他得到的回应是"无可奉告"。对我来说，这太官方了，不像是一个压根儿未给总统候选人提过建议的人说的话。

后来在大选期间，我与西奥迪尼进行了直接的沟通，我们俩在社交媒体上互相关注，他之后还送了我一本预读版《先发影响力》。

没错，"哥斯拉"参加了"战斗"。

我想说，诉诸身份认同是次好的说服形式。当一方将他的竞选活动标榜成一场"为了所有美国人"的运动时，它有着强烈的说服力，并发挥了作用。而压倒身份认同说服术的唯一方法是利用最强的说服形式：巨大的恐惧。

17
视觉想象是第一说服力

人类是视觉动物。不管其他感官传递了怎样的错误信息，我们都相信眼见为实。因此，**如果想要说服他人，请记得运用视觉语言和视觉图像。**

人们曾经经常问我，我对说服的形容是否太夸张了。按当时甚至当下较为流行的观点来看，所谓说服，无非是在一切重要的事情上说谎。说谎不需要太多的才干，但没有接受过说服训练的人，在观察中会错过说服技巧，而且会忽略说服结果的一致性。如果说服大师只是偶尔使用一些说服技巧，那没有什么可称赞的；可看到他使用最有力的说服工具、始终达成相同的说服效果，那可就不简单了。视觉说服术是说服大师众多说服武器中的一种。

如果竞选者说他想要更好地控制移民，那么这种做法毫无视觉说服力可言，没有形象的概念通常不值一提。但如果将一幅"又高大又壮阔的墙"的心理图画呈献给美国人，不停地提到"墙"，所有人都将开始想象它。没过多久，画家们也开始渲染"潜在之墙"，就连反对派的媒体也开始播放来自其他国家已建好的墙。

为何"墙"的形象具有良好的说服力？因为与"边界控制"等常见概

念相比，"墙"既容易理解，又令人难忘，而且人们还会预设。换句话说，由于人们频繁地想象"墙"、讨论其成本，因此会反射性地假设"墙"一定会存在。这是说服大师最基本、最为人熟知的一项说服技巧：**就算人们并不想要自己看到的将来，也会自动被想象得最生动的将来所吸引。**

生活中就有很多类似的体验。例如，你经常生动地想象某件你不愿意它发生的事情，如手机掉进马桶里，这就有可能提升这件事发生的概率。很多时候我们就像飞蛾，受最耀眼的光芒所吸引。而我们头脑中最耀眼的光芒，就是任何我们能够想象出来的最生动的东西。

这类说服术不见得在所有环境下适用于所有人，它没那么强大，但同样不可小视。在长达一年的总统竞选期间，为了赢得胜利，只需要说服5%的民众就够了。所以，每一点优势都很重要。

模糊处理"墙"的细节也很重要，这样一来，每个人都能想象出一道自己想要的"墙"。画家画出墙也许很轻松，但这么做就会犯错——它会为批评者提供大量的攻击目标。而有一种"墙"是人们难以攻击的：每个人头脑中想象的完全不同的"墙"。

比如在我的想象中，一小部分的"墙"成了吸引游客的旅游目的地和特殊贸易区；"墙"的两边都存在许多互利互惠的潜力。其他人想象出的可能是一道冰冷的"铁壁铜墙"，因为这就是他们想要或期待看到的"墙"。

请比较以下两种说法：

- 糟糕的说服：我们会用各种手段来改善边境安全；
- 出色的说服：我们将修建一道壮阔的高墙。

可以看出，没有视觉元素的糟糕说服术显然更加诚实和准确，出色的说服术则简化到了不准确的程度。这两种方法只有一种能起到最佳效果，显然它不会是讲究准确性的前一种。

当说服简化到不准确的程度时，结果能否证明手段的合理性呢？这取决于你对替代做法的看法了。

不妨看一看以下几幅关于对比力量的漫画。

对个人而言，你可以利用对比的力量，改善职业和个人生活的方方面面。以下的一些建议或许对你有所帮助：

① 参加那些你比别人更擅长的活动。相较于普通参与者，给人们留下精明强干印象的人，其个人品牌会更具优势。

② 在工作中，永远只在替代方案明显更糟的情况下提出设想。不要只兜售自己的解决方案，还要将它跟其他更差的选择进行比较。

③ 如果有人总是将小问题当作大问题，那么记得提醒他们什么才是大问题，这样可以帮助他们调整自己应对小问题的方式。

④ 永远要记得，人们总是在有若干不同方案的情况下才做决策。如果你不将其他方案框定为糟糕选项，那你根本无法说服他人。

在其他条件相同的前提下，
视觉说服比非视觉说服
更有力量，
其效果也有明显的优势。

Visual persuasion is more powerful than nonvisual persuasion,
all else being equal. And the difference is large.

在说服的环境下，如果能让某人想象出一个场景，那就不需要实物图片了。

In the context of persuasion you don't need a physical picture if you can make someone imagine the scene

18
谨慎选择对比参照物

请牢记一点：**对比是说服必不可少的要素**。

我的批评者曾指出，我在关于 2016 年总统竞选团队中的副总统竞选伙伴的预测上出错了。对此我并不否认，不过我还是想让大家知道，在我的失败的预测中，可以看到说服作为预测因素的局限性。

副总统人选的决策涉及许多公众不可见的变量。人们不知道两位候选人私下关系如何，也不知道在背景审查时发生了什么样的丑闻，更不知道这些候选人对接受这一工作的兴趣有多大。在这样的情况下，说服不是一个预测变量。但是，从评估说服滤镜的角度来说，马克·库班（Mark Cuban）是美国副总统的有力人选。

从我在副总统人选上的预测失误中，能发现很多有关说服的信息，如预测一个人在特定时间内对某一决策采取何种行动实际上很难；但预测一位被各类媒体持续跟进长达一年多的说服大师是否能打动足够多的选民，并在一个左右两派势均力敌的国家赢得总统竞选，就相对容易多了。

时间总是偏爱说服大师。如果有足够多的时间，可以频繁地重复相同的信息，那么就能让任何群体中的 5% 的人相信任何事情。在美国，由于大多数选举都与民众的党派忠诚度密切相关，要想赢得总统职位，改变 5% 的人就足够了。

实际上在此之前，我从来没听说过这位副总统。但当我听了他的演讲，从说服的角度看，他的确是个有力人选。原因就在于对比的力量。

从策略和政治层面看，选择这个人很明智，因为他巩固了共和党的保守派票仓。这位副总统是一位老练的政治家，既当过州长，也做过参议员，非常合适。故此，从通常的副总统人选衡量标准来看，这位副总统很合格。他后来甚至还赢得了与另一位副总统人选的唯一一场辩论。但以上并不是他当选的真相。真相其实与对比有关。

当时很多专家和选民开始琢磨：为什么"二号人物"不是"头号人物"。副总统竞选伙伴应该是一个全国上下能够认真对待，但魅力又远不如总统的人。每当他站在总统身旁，看上去应显得稍逊一筹；与总统立体的外表、丰富的个性相比，副总统应该就像一张黑白照片；此外，他还要表现得像个隐形人。这是一种完美的说服术：选民对对比的反应，远远强过事实和理性。

对比原理的最佳案例是当年里根选择老布什作为竞选伙伴。老布什是一位经验丰富的政治家，但与里根的明星气场相比，他显得沉闷无比。后来，里根成了大受美国人欢迎的总统。当里根两届任期结束之后，老布什自动成为争夺总统之位的头号选手。但这次，老布什自己也碰到了对比问题。他需要选择一个看起来能被民众严肃对待，同时也能为自己创造出有利对比氛围的竞选伙伴，以便使得自己更像一个天生的领导者。后来，丹·奎尔（Dan Quayle）适时登场了，因为他看起来比老布什弱。等老布什的总统任期结束后，奎尔并未留下来竞选也就不足为奇了，甚至在老布什竞选连任时，奎尔都没能保住自己的选票。

相较于事实或真相，人们更容易被对比带来的反差说服。所以，要明智地选择对比参照物。

People are more persuaded by contrast than by facts or reason. Choose your contrasts wisely.

19
将两种想法或形象关联起来

说服有一种最简单的形式，那就是用不同的方式将一幅图像或一个设想与另一些事物相关联，并将前者的好坏嫁接到后者身上。这也是名人代言产品、将竞争对手称作独裁者以及营销背后所蕴含的道理。

但你或许并不知道，我们每个人随时都在"营销"。如果你想讨人喜欢、受人尊重，你就必须留神自己导致他人无意中产生的联想。举例来说，有人认为充满低级趣味的笑话很有趣，所以在他们看来，分享这类笑话会逗人发笑。但他们忽略了另一件事，这类笑话会有很多负面效应。这涉及联想说服。如果一个人讲了太多的低级笑话，他的朋友和家人就会下意识地将他与污秽联系起来，并且会避免与这个人交流。

同样的概念适用于那些无休止地谈论自己健康问题的人。关心别人，想了解他人的近况很正常。但如果对方不停地谈论，还插入视觉描述及病痛的细节，人们就会逐渐将这个人与其健康问题视为一体。

没人想要听那些东西。

年轻的时候，我犯过上文提到的所有联想错误。那时我以为，如果某件事好玩或者令人震惊，那么我就应该将它们分享给他人。如今，我会坚守分享有趣、有益和积极的主题的原则。我仍然喜欢笑话，但不是那种缺乏机灵劲儿且令人厌恶的笑话。

一般而言，我会努力让大脑中充满乐观的想法挤掉偶尔溜进来的糟糕想法。这需要运用到联想的力量，它也是一种自我催眠的形式。积极的想法使得我的能量得到了提升，进而使得我的情绪得到振奋，甚至改善了我的免疫系统。

如果你试图抛开消极的想法或记忆，不妨利用积极的形象和想法来分散自己的注意力，将精力集中到散发积极能量的事物上。如果你改变"输入"，就可以改变自己的"程序"，继而可以使自己从惊恐万状变成心情舒畅。而且你还可以将这一做法运用到他人身上，用积极的想法填满他们的大脑，这样一来，他们就会将美好的感觉同你挂上钩，甚至一想到你就会产生美好的感觉。

如果你想给人留下良好的第一印象，那就别半开玩笑地乱抱怨。试着在最初的对话中加入一些积极的想法和形象，任何积极的事物都行。当然，如果你的积极元素同时带有一定的视觉成分，那就更好了。老话说得好：人们不见得会记住你说了些什么，但几乎总能记住你带给了他们什么样的感受。

很多人都听说过，遛狗是认识他人的一种好方法。从某种程度上说，这是因为狗与开心有着强大的联系，至少对养狗的人而言的确如此。如果你喜欢狗，碰到另一只狗一定会很开心。过去的每一只狗带给你的良好感觉，都会不自觉地转移到新看到的狗和它的主人身上。

另一种通过联想影响自己的简单方法是，用你觉得情绪愉悦的形式装点自己的生活空间。你可以训练自己喜欢它，喜欢到一走进去就变得很开心。但也要注意不能"任性"——不要以为自己最喜欢的颜色是青铜灰色，所以就觉得应该把墙也涂成这种颜色。理想情况下，不管你在房间里做什么，都希望墙壁的颜色能带给你合适的能量。灰色通常并不是种合适的选择。

联想说服术具有强大的优势，即使二者完全不像，这一做法也能发挥效用。因为重要的是心理联想，而非细枝末节。

当你将任意两种想法或形象关联起来，

人们对它们产生的情绪反应就会逐渐融合。

When you associate any two ideas or images,

people's emotional reaction to them will start to merge over time.

20
设计有效的口号和标志，
赢得第一印象

如果你对认知失调和确认偏误的概念并不了解，可能难以将说服大师"天生"的说服直觉与习得的知识区分开来。依然以总统选举为例，如果你注意过两党候选人参选总统时失败的竞选口号和视觉形象，你就会发现有效的口号和标志所带来的品牌增益。

民主党竞选团队苦苦挣扎，从未找到适合自己的完美品牌，竞选口号就是如此："我支持她"（I'm with her）。这个口号并未提及国家的改善，相反，它暗示美国民众应该为候选人一个人，做点什么。这句竞选口号可谓失败到了极致。民主党竞选团队设计的糟糕口号还有如下这些：

- 为我们而战（Fighting for Us）；
- 打破障碍（Breaking Down Barriers）；
- 一起更强大（Stronger Together）。

据《纽约时报》报道，民主党在竞选活动中循环使用了 85 种不同的口号，最后才决定选择"一起更强大"。这句口号听起来像是委员会在工作，可能大多数参与设计这一口号的人都未曾接受过说服训练。

民主党的大多数竞选口号在最基本的层面上就已经失败了，因为它们说的都是候选人和党派，而非国家。就竞选活动的背景而言，这些口号代表的团结，似乎是总统候选人支持者的团结，而不是整个国家的统一。我们来具体分析一下这几条口号。

"我支持她"：这个口号强调了候选人的性别，暗示它必定是某种优势。从男性的角度来看，这个口号容易让人感觉不适，不得要领。对一个正在竞选全体美国人的总统的人来说，这个信息不够恰当。虽然这并不能代表美国普遍的男性的观点，但只要冒犯了 5% 的人，不管男女，问题就麻烦了。这个口号不像解决方案，它本身就是个问题。

"为我们而战"："我们"指的是谁？如果候选人有意用"我们"指代美国人民，为什么不直接说？这句口号暗示，"我们"指的是候选人的支持者，又或者指的是所有面临歧视的人，如女性和各类的少数群体。但不管它指的是哪一群体，听起来都不是在向全美发出号召。比如，这个口号会让一位白人男性选民嘀咕：这句口号的意思是候选人将为自己而战，还是为反对自己而战？

"打破障碍"：这个口号表明候选人的焦点是为弱势群体而战。但无论这个目标多么值得为之奋斗，要想赢得大选，你必须得到选民的支持，而选民是从输赢的角度看世界的。"打破障碍"的人能从障碍那一方的人手里得到工作吗？这个口号不会让任何人联想到双赢的局面。当然，它有很好的打击乐节奏，但也仅此而已。

"一起更强大"：这个口号是这里面最好的一句，在竞选期间得到了最多的关注。不过，尽管从表面上看，它似乎是一条有关集体力量的无害口号，但当总统候选人的支持者在网上和现实生活中变成欺负人的恶霸，情况就发生变化了。突然之间，"一起更强大"这一口号听上去就容易让人联想到一群恶棍要攻击持不同意见的人。

"一起更强大"的口号开始让一些美国人感觉到，有一群愤怒的暴徒不喜欢国家的另一些人。

鼹鼠

民主党竞选团队的说服术在社交媒体上显得虚弱无力又落伍，曾使我突然冒出一个想法：该团队的社交媒体负责人肯定是来自对手阵营的"鼹鼠"，即叛徒。民主党竞选团队在社交媒体上进行的说服尝试所犯下的错误全都一个样，至今都令人怀疑它是不是有意在搞破坏。

那么，民主党竞选团队的社交媒体负责人为什么不解决这种很容易解决的问题呢？令人迷惑不解。或许希拉里的团队从未意识到，又或许"鼹鼠"确实存在，无人得知。

民主党竞选团队的公开发文中经常出现的问题是，他们不断地请选民想象对手作为总统做着种种不好的事情。从第二维度来看，这种方法非常有意义：没有人想要一位可能会做坏事的总统。正常而言，让人想象坏人做坏事，是一招很好的说服手法。就像在法庭上，辩护律师描述一个场景，请陪审团想象自己置身该场景，也是出于同样的道理，这是一种可靠的说服技巧。但在特殊的情况下，就要另说了。为什么？

说服者都知道，**人类总是重视句子的前一部分甚于后一部分。我们的第一印象难以消除。**民主党的发文给人留下的第一印象，就是要人们想象对手赢得大选。

此外，民主党竞选团队还让选民预设，即想象对手当上总统后的未来情形。如果让人们想象共和党总统候选人会如何履行总统的职责，那么就等于将"共和党真的会赢"的设想卖给了他们。这是最基本、也是最众所周知的一种说服技巧。

爱超越仇恨，爱他所恨

民主党竞选活动中最扎眼的说服惨败，来自口号"爱超越仇恨"（Love Trumps Hate）。这句口号的前几个字母又让人想起那句话，人类的大脑对句子开始部分的重视远超句子的末尾。从理性的层面来看，这句话很有道理，但在第三维度，这句口号则告诉全世界：要么爱共和党候选人，要么爱他所恨的东西，如恐怖主义和糟糕的贸易协定。

谷歌公司最初的口号"不做恶"（Don't Be Evil）也曾犯了类似的品牌错误。在第二维度，这句口号听起来俏皮又清晰，在道德层面也很恰当。但在第三维度的说服世界，谷歌将自己的品牌跟"恶"配了对。人们不可能没有这样的联想。更糟糕的是，一旦公司出现失误，这句口号就轻易地沦为批评者的靶子。而当企业规模达到了谷歌的体量，公司失误在所难免。2015 年 10 月，谷歌明智地将这句口号从公司的行为准则中删除。

让美国再次生病

民主党试图利用竞选口号反对共和党在医保改革上的立场，但他们又一次给自己惹了大麻烦。他们再次犯下同样的错误，即未能意识到第一印象是最重要的。当时的民主党女性代表穿着粉红色的衣服，站在一块广告牌旁边，而广告牌上写着"让美国再次生病"。虽然广告牌上的细节说明它想要表达的意图正与此相反，但从品牌塑造和说服的角度来看，这句口号简直一塌糊涂，注定会失败。

21
像说服大师一样评估丑闻

我的母亲最常说的一句话是："凡事做得久了，总能习惯。"每当我们抱怨某件事难以改变时，她就这么告诫我们。

我的母亲的这句话包含一条重要的说服规律：**时间久了，人们总能自动忽视轻微的不便。事实上，人类通常很快就能适应任何不能将自己打倒的事物。**

这对有着恼人习惯的人来说是个好消息。如果你无法改变这种习惯，那不妨幽默些，坦然承认，等着人们去适应它。如果你意愿良好，有时只需静待即可。

所以，如果你的大脑没有忽略轻微不便的能力，那么你的运作机制恐怕要出问题。日常体验中难免会出现各种各样的小小不便，假如每一个不便都令你抓狂，那么你就无法完成任何事情。大脑最重要的功能之一，就是让人自动忽视小问题，从而专注于大问题。

例如，如果你和爱人之间发生了一点小小的误会，导致你陷入了愤怒情绪，可没过几天，这种糟糕的感觉就开始消失，即使误会并未消除。只要风险不高，人类的思维注定会克服。而我们所做的大多数事情，风险都并不高。

比如，你认为共和党总统候选人是个让人讨厌的"怪物"，你会觉得这头让人讨厌的"怪物"怎么可能会获得足够多的选民支持，当上总统呢。大多数人大概会认为，自己对总统候选人的最初看法将会一直持续下去。作为专业的说服者，我的看法正好相反，因为时间一长，人们总能习惯的。

从选举一开始，对很多人来说，参选者的个人风格令他们感到痛苦，不过他们将有一整年的时间来适应。而且，人们体验的时间越长，参选者似乎就没那么讨厌了——至少对部分民众来说的确如此，另一些人则会增强自己的耐受性。而后者是从来没打算投票的一群人。决定胜负的将是那些不喜欢参选者风格，但对他的政治主张尚未拿定最终意见的人。随着时间的推移，这一群人不由地习惯了参选者的个人风格——大脑就是这么接线的。对大多数人来说，新奇感消失了。公平地说，有些人会慢慢对参选者的个人风格感到更加困扰。但从一开始就对参选者怀有强烈恨意的人是永远不会投票给他的，所以这群人并非选举的关键。

我在纽约长大，成年之后来到了加利福尼亚，所以我对这两个州的差异很了解。这两个州之间的巨大差异之一，似乎是居民的幽默感很不相同。举例来说，来自纽约的参选者曾在反驳另一位参议员的批评时开玩笑地说，自己喜欢"没当过俘虏"的退伍老兵。很多人都觉得这样的评论太过冒犯，有些人甚至可能不会仅仅将它看成玩笑话。即便选民真的将它看成玩笑，许多人也会认为这是对参议员，对退伍老兵，甚至是对国家的严重冒犯。

事实上，抱有这种看法的人并不理解纽约人的幽默感。如果你不理解纽约人眼里的"有趣"，你就会认为这种玩笑很过分。当然，这只是普遍情况，不适用于所有人。

当纽约人因为"冒犯性"玩笑而发笑的时候，一般是在对玩笑中的"可怕笑点"做出反应，而不是在嘲笑中的靶子。在这件事上，讲述冒犯性玩笑的人，和被玩笑所冒犯的人，完全站在同一立场。普通的纽约人认为，这个玩笑有失恭敬的地方也是它有趣的地方，而加利福尼亚人则将它看作对个人的攻击。在本例中，这个被攻击的人，是个备受敬重的退伍老兵。

我曾在博客中描述过纽约人的性格：

> 纽约人喜欢对站在身边的任何人说出自己心里觉得真诚的任何话，不经任何过滤。而加利福尼亚人则会说他们觉得能让人感觉舒服的话。假如说话人并非出自善意，加利福尼亚人的说话方式就有点像是在说谎。
>
> 随着时间的推移，与其他骗子们比起来，人们或许更喜欢说出诚实的看法的人。而这就是纽约做派在发挥作用：起初人们讨厌它，因为它似乎太刺耳；但逐渐地，人们开始能够理解。当意识到"刺耳"并非真正邪恶的信号，而只是一种风格，人们就会倾向于克服它。

接下来，我将评估 2016 年美国大选期间出现的新奇丑闻对选民的影响。当然，我的观点更接近艺术而非科学，因为我没有办法衡量任何具体影响所带来的冲击。如果问选民是哪些丑闻令他们改变了投票人选，他们可能会自信满满地做出回答，但不应该相信他们的话。在诸如总统选举这种充斥着情绪的情况下，人们总是先做决定，再找借口。有关这一主题的任何民意调查只会侦测出选民所找的借口。

不妨挑选几条来看。

总统候选人的纳税情况

数十年来，美国总统候选人惯例会公布自己的纳税申报表，以便选民监管任何利益冲突或不法行为的迹象。共和党总统候选人打破了这一传统，他宣称不会公布自己的纳税申报表，理由是他正接受审计，情况有可能会发生变化。反对者认为他隐瞒了重要的信息，而支持者要么相信竞选者的纳税申报表与竞选总统无关，要么认为他不公布也好，这有助于竞选获胜。

共和党总统候选人为自己的反对者想象自己的纳税申报表有猫腻提供了空间。但这种说服技巧显然很糟糕，除非纳税申报表公开后的细节能给批评者提供更多的新靶子，无论真实的也好，想象的也罢。

美国民众普遍不了解商业及企业所得税。批评者们会从总统候选人的申报表中精心挑选一些元素，将它们"打扮"成是骗子的玩意儿，哪怕它们是合法的。即便美国国税局认定总统候选人的纳税策略合乎法理，批评者们仍然可以从申报表中找到"证据"，宣称竞选者玩猫腻。因此，一旦公开纳税申报表，竞选者是没有办法获胜的。

美国民众对国税局的厌恶程度，大概与批评者对总统候选人的厌恶程度不相上下，每个纳税人都会想方设法地少纳税。一方面，总统候选人纳税情况的未知因素令人担忧，但这种说服没有视觉力量，不会引起任何具体的、能够超越空泛概念的恐惧。另一方面，不少纳税人也都习惯了在纳税时动些小"手脚"，在他们眼里，候选人说不定因此还变得更亲切了呢。

总的来说，我认为税务问题对总统竞选的说服冲击很低，尤其是置于其他众多远为生动、刺激性更强的挑衅和丑闻背景下，这就更算不上什么了。

"一箩筐人渣"

2016 年 9 月 9 日，希拉里在纽约市举行的 LGBTQ 庆祝活动上发表讲演，说共和党总统候选人的支持者有一半是"种族主义者、性别歧视者、恐同者……"。她接着称他们为"一箩筐人渣"。对手回应说，希拉里的言论表明了"她对普通美国人的真正蔑视"。

通常，婚姻专家会说，一对夫妇日后将离婚的最明显指标是，两人表现出对彼此的蔑视。对于其他大多数问题，夫妇俩只要付出一些努力都能克服，但蔑视彼此则表明两人的关系陷入严重的困境。

希拉里对很大一部分美国选民表示出了蔑视。对于这种言论，对手可以说希拉里所说的话很令人不适、不恰当、有侮辱意味或病态等，但共和党总统候选人没有这么做，而是直接进入第三维度，即找到了说服力最强的词：蔑视。

共和党总统候选人曾经用一句著名的话来形容自己："措辞最佳。"在第二维度，这个说法并不成立；但在第三维度，他的措辞确实最佳，他用"蔑视"这个词再次进行了自我证明。

选举结束后，社交媒体上经常有人提及希拉里的"一箩筐人渣"演讲，宣称这是导致人们不投票给她的原因。在第二维度，这听起来似乎合情合理；但在第三维度，对"一箩筐人渣"演讲进行评论或许就是所谓的"虚假原因"（fake because）。换句话说，这就是人们为了想要做的事情找的理由。也许，对"一箩筐人渣"演讲进行的评论改变了选举结果。说服滤镜让人们相信这种可能性，但它也可能只是为反对者提供掩饰的一个借口，即其实他们无论如何都不会投票给希拉里。

此后不久，希拉里的"蔑视"变成了模因，成了希拉里反对者的防卫。

希拉里的这场演讲是充满了史无前例的说服错误，它证实了不少人的怀疑：希拉里不是单纯地不认同共和党人，而是不尊重他们中的大部分人。如果想要成为整个国家的领导者，这么做是行不通的。

希拉里的电子邮件丑闻

2015 年 3 月，希拉里在担任国务卿期间，她利用自己的私人电子邮件服务器进行了官方通信。这些官方通信包括数千封国家级"机密"邮件。到 7 月份，FBI 局长宣布希拉里处理电子邮件系统时"极度粗心"，但并不建议对她提出指控。而到了 10 月底，FBI 局长通知国会，在对安东尼·韦纳展开的性丑闻调查中，FBI 已着手检查在希拉里的笔记本中新发现的电子邮件。之后，FBI 局长又通知国会，FBI 并未改变对希拉里的电子邮件事件得出的结论。

2016 年夏天，维基解密放出风声，宣称他们从民主党全国委员会的电子邮件服务器获得了电子邮件，其中有爆炸性的内容。后来，维基解密小批量地公开了电子邮件，以保持公众的参与度。

在这批从民主党全国委员会的电子邮件服务器上"黑来"的电子邮件中，人们得知了一件异常糟糕的事情：希拉里的支持者和 CNN 新闻网的权威人士分享了即将到来的初选辩论会上要问及希拉里的问题。

"黑来"的电子邮件也引发了所谓的"比萨门"指控——民主党高层参与了邪教组织，继而引发了大量的关注，但应该未达到足够的可信度，所以对选票的影响不会太大。

希拉里的电子邮件丑闻让公众感到困惑，使得人们将它与所谓的"黑客入侵"、并交由维基解密公布一事搞混淆了。所有的这一切，再加上对希拉里的基金会的指控，公众开始怀疑希拉里的团队有些不对劲儿。竞选对手的团队也借此火上浇油，将希拉里塑造成了一个"骗子"。民众听到了难以理解的复杂新闻报道，在他们看来，既然有这么多"烟雾"，一定是出事了。

请注意"骗子"是如何成了吸收确认偏误的"海绵"的，其原理与我前边讲的"黑暗"相同：两者都是武器级说服术的例子。

希拉里和她的支持者，以及许多权威人士和选民，认为 FBI 局长之所以重新展开电子邮件调查，是因为他们在韦纳的笔记本中发现了新的电子邮件，这令希拉里付出了巨大的代价。之后，希拉里的民意调查数字支持率大幅下降。但从第三维度来说，对 FBI 局长的行为解读仍然有可能是人们为自己原本的投票倾向所找的"虚假原因"。在我看来，FBI 局长对大选结果并没有产生太大的影响力，但人们可能会评价说他的影响很大。

在我看来，以上最出格的一桩丑闻是希拉里的"一箩筐人渣"演讲。虽然选民预料到领导人会在一定程度上做出不够体面的行为，并在意识层面对它稍微网开一面，但无论谁听到别人对自己的蔑视言论，都绝不会轻易忽视它。

随着时间的推移，人们会自动适应轻微的不便。

你所说的话很重要，
但其重要性绝对比不上人们
对你的看法。

What you say is important,
but it is never as important as what people think you are thinking.

22
有体系，无目标：
创造双赢不输之道

有一种最具娱乐性的说服技巧，我称为双赢不输（Two Ways to Win，No Way to Lose）。

这种方法适合于绝大多数品牌授权与加盟类公司。比如，某品牌加盟公司的大部分业务收入来自授权特定品牌为各种产品和项目使用所得。从制造"双赢"及几乎绝对不输的角度看，这类授权交易很成功。因为授权协议往往涉及一大笔预付款，如果生意或项目有利可图，甚至可能拿到更多费用：

- 如果业务失败，授权品牌公司将保留此前已支付的所有授权费用，通常包括大笔的预付款；
- 如果业务成功，授权品牌公司会赚更多的钱，因为它将继续按比例从利润中分钱。

当然，"不输"并非绝对。生活总会想方设法让人栽跟头。但如果你正要奋力一搏，那么总会找到实现双赢（几乎）不输的方法。

有时候，我会将这种情况称为"有体系，无目标"。目标就是一条获胜途径外加无数失败尝试。而一套优秀的体系则可以提供多种获胜途径，以及少得多的失败路线。以上大学为例，如果你获得了工程学位，就属于优秀体系的一个例子。你虽然不知道自己最终的职业会是什么，但工程学位为你提供了很多获胜途径，同时极大地降低了你失败路线的数量。很少有工程师无家可归。

下次与人讨论商业或个人生活策略时，只要情况适合，不妨听取所有人的建议，然后拿出一种"双赢不输"的策略来。你会发现，它能结束任何一场策略讨论。拥有了"双赢不输"之道，没人会选择"只有一条路赢、无数条路输"的做法。

将自己偏爱的策略
按双赢不输的形式框定，
几乎不会有人反对你的提议，
因为这是一种自然而然的
抢占制高点技巧。

If you can frame your preferred strategy as two ways to win and no way to lose, almost no one will disagree with your suggested path, because it is a natural High-Ground Maneuver.

23
抢占制高点，摆脱细节纠缠

如果你有兄弟姐妹，或者自己有不止一个孩子，你应该知道，孩子们总喜欢用"公平"这一论点来得到兄弟姐妹们已经拥有的东西。大多数父母都会想方设法，努力恢复孩子们之间的平衡。孩子手里就像握着一种强大的说服武器，会抓住每个机会，提出"公平"论点。

我的母亲会采用不同的方法。每当我的兄弟姐妹，或者我自己抱怨某件事不公平的时候，她会直截了当地说："生活本来就不公平。"讨论马上结束，仿佛我们还没打出第一枪，就被解除了武装。这种方法就是我所说的**抢占制高点，它摆脱了讨论细节的纠缠，并升华到毫无分歧的制高点。**2010 年，在苹果公司遭遇著名的"天线门"公关惨败之后，乔布斯就曾利用无比巧妙的说服术，抢占制高点。

关于此事，乔布斯在新闻发布会上曾说："我们并不完美。手机并不完美。我们全都知道。我们希望令用户满意。"

乔布斯的这番话引起了非常热烈的反应。道歉在哪儿？他承认责任在自己身上、苹果公司犯了一个绝不该犯的大错，这一部分又该怎么说？这本该是公共关系最基本的部分吧？

我曾经专门学习过语言对人的影响。苹果公司对 iPhone 4 问题的回应并未遵循公共关系手册，因为乔布斯决定"重写剧本"。不得不说，乔布斯"真是个了不起的混账东西"。如果你想知道天才是什么样子，那不妨好好地研究乔布斯所说的话。

可以说，乔布斯用短短 4 句话改变了整个论点，虽然很简短，但却是无可争辩的事实。稍后，他又提出了明确的补救办法。

有用吗？不妨看看媒体的反应：出现了大量关于其他智能手机是否完美以及乔布斯的回答是否合适的讨论。而新闻发布会之前的核心问题——"iPhone 4 是不是颗臭蛋"消失无踪了。从某种程度上说，公众的态度发生转变的原因在于苹果公司提供的补救方法有用。但如果乔布斯以"我错了，来打我吧"的道歉方式来应对，这些补救方法很容易沦为笑柄。

如果乔布斯没有把语境从 iPhone 4 转换到所有智能手机上，便会很容易出现令人感到滑稽的场景。可一旦语境变成"所有的智能手机都存在问题"，这一情形就不存在了。普遍而无趣的真相，是克制幽默的死穴。

有一段时间，我一直在琢磨，难道乔布斯学过催眠术，还是说他有某种天生的魔力。另外，他的话语中有多少是提前安排，有多少是即兴发挥。在我看来，乔布斯的说话和做事方式都像催眠大师。

乔布斯这招聪明的应对方法，其实就是抢占制高点。**这一技巧要求人们将论点提升到能说绝对正确的话，同时又能改变整个语境的层面。只要使出这一招，其他参与者将把争论拉回到细节层面，继而显得目光狭隘。**这是一种能即刻改变窘境的招数。

但请注意，使用这一招时，反应要简洁干脆，无可争辩，而且还要将语境提升到更高的层面。这是一种强大的说服技巧，随时都可以用。

当然，这一技巧也存在局限性。例如，假如当初英国石油公司对原油泄漏问题做出如此回应，他们根本没法脱身，因为这场事故太大了。但假如他们试图利用抢占制高点的方法，大概会说："所有容易开采的石油源头，在过去 50 年里都被开采发现了。如果石油行业再不冒险一搏，许多人在未来 10 年就会丢掉工作。我们都希望将来拥有清洁能源，但目前还没有人找到了合乎需求的快捷之路。我们将尽一切努力清理泄漏的石油，让海湾经济恢复正常。"

总有一天，等到商学院的学生读到乔布斯对 iPhone 4 问题的回应，他们会了解到，从那一天起，抢占制高点的做法已成了消费品公司的公关标准。

24
最简单、最易掌握的
"武器级"说服工具包

在本章中，我将简要介绍其他一些说服技巧。

社会证明（"许多人都说……"）

说服大师经常宣称，很多人都同意他所说的事情。这是"社会证明"（social proof）说服术的一个例子。我们的大脑会做出假设：如果多数人都在说同一件事，那么这件事一定是真的。说服大师可能夸大了与他意见相同者的人数，但这并没有害处。如果人们对说服大师的说法有所怀疑，并展开调查，肯定能找到一些认同他的人。这足以让人们的思路向认同说服大师的方向倾斜。至少，它让人们知道，还有其他理性的人与说服大师的看法一样。

对说服大师来说，将自己定位成与大多数人意见一致的人，而非自行提出一些可疑的意见，是很有帮助的。

直接索取你想要的东西（"相信我……"）

说服大师通常喜欢用"相信我"为自己的陈述作结。这是一个伪装成口头禅的直接命令。销售的规则之一是，招徕到某一时刻，必须直接索取自己想要的东西。如果你希望人们相信你，那不妨直接提出要求。这似乎没什么大不了的，除非人们意识到，不提这个要求才是理所应当的。大多数聪明的家伙采取的做法都是先说出自己的想法，然后希望人们相信它。说服大师则会更进一步，他运用完美的说服技巧，直接让人们相信他。

这种说服形式的效果虽不是最强的，但请记住，在类似竞选活动这样的大型行为聚集中，如果能找到 10 条信息，而每条信息能打动 0.5% 的人选你，这已经足够了。

重复（"是真的。是真的"）

说服大师有时会说："是真的。是真的。"他这么做是因为，重复就是说服力。如果你经常听说某件事是真的，它会令你误认为，这件事可能真的有些道理。

简洁

有时，说服大师使用的词汇看似有限，陈述也很简洁。这导致他人误以为说服大师头脑简单。

但实际上，简洁语言有着完美的说服力。为什么？因为你的表达方式，与大多数人一样。

简洁的演讲风格，会令你看起来与未受过太多教育的普通人更接近。也就是说，首先，你要跟听众相匹配，从而获得他们的信任；接下来，你就可以引领他们。这是一种强大的说服术。

如果你正在卖东西，那就直接请求潜在客户购买。直接请求极具说服力。

If you are selling, ask your potential customer to buy.

Direct requests are persuasive.

重复就是说服力。

重复就是说服力。

重复就是说服力！

Repetition is persuasion. Also, repetition is persuasion.
And have I mentioned that repetition is persuasion?

简单的东西看起来对

我们的大脑会默认为，对事件的最简单解释，很可能是正确的解释。这一观念被称为"奥卡姆剃刀"（Occam's Razor）。在科学的语境下，对某一现象的最简单解释，比具有数百个变量和假设的解释更有可能是正确的。但当你将"奥卡姆剃刀"运用到非科学世界，它会立刻失效。我们人类自欺欺人地认为，自我意识里对世界的解释大多是最简单的。然而这是一种错觉。

如果有人问：地球上的生命来自哪里？有人也许会说，是上帝创造的。这是一种最简单的解释，世界上有数十亿人相信这一说法。但无神论者认为事情并非如此，他们可能会追问：上帝来自哪里？为什么上帝决定创造这样一个世界？只要刨根问底，就没有简单的事情可言。

假设问无神论者：生命是怎样形成的？他们可能会说生命来自进化。听起来很简单，但这种说法掩盖了大量的复杂细节：DNA 变异，物种的竞争和繁殖，甚至眼球的形成，等等。对某些人而言是简单的真相，但在其他人眼里可能会变成一团复杂的混乱。反过来也一样。这是一种主观的判断。

实际上，简单本身具有可信度，即便它本身并不可信。

策略性模糊

说服大师非常善于使用策略性模糊的技巧，他们会故意让对立的双方都有喜欢他的理由，或者，至少没有否决他的理由。这一策略表面上看似荒唐，但出于确认偏误的缘故，它运作起来却很有魔力，因为人们只看到自己想要看到的东西。

与听众的表达方式相匹配。
一旦听众认为你是
他们的一员，
他们就更易受你支配。

Match the speaking style of your audience.
Once they see you as one of their own, it will be easier to lead them.

简单的解释比听起来复杂
的解释更具可信度。

Simple explanations look more credible
than complicated ones.

他们之所以这么做，是因为事实对很多人来说从来都不重要。

当你想要同时说服许多人、而他们的关注点各不相同的时候，使用策略性模糊会帮你很大的忙。举例来说，要怎样做才能让美国再次伟大？答案就是，按人们想要的任何方式。如果人们关心经济，可以想象总统会改善经济；如果人们认为击败恐怖分子是首要任务，可以想象总统真的这么做了。总之，人们可以用最强大的自我催眠来填补脑中空白。

简单的想法易于理解，

易于记忆，

且易于传播。

只有当你令人难忘的时候，

你才具有说服力。

Simplicity makes your ideas easy to understand,

easy to remember, and easy to spread.

You can be persuasive only when you are also memorable.

选择"合适"的措辞, 让人们可以按心意解读你的信息。人们用想象力填补脑中空白, 而他们的想象力, 比你所说的任何东西都更有说服力。

"Strategic ambiguity" refers to a deliberate choice of words that allows people to read into your message whatever they want to hear.
People fill in the gaps with their imagination, and their imagination can be more persuasive than anything you say.

我是在预测，还是在操盘

　　如果你之前从未接触过现实"滤镜"的概念，那么很难一下子完全接受它。这个概念最具挑战性的部分，是承认我们的意识不具备深刻理解现实的能力。我们自己在脑海中拍摄了一些"小电影"，并生活于其中，直到外部世界中发生的事情彻底地将其搞砸。如果当下播放的"电影"出了问题，我们在心理上会下意识地对剧本进行重写，改变电影的发展剧情，以求与外部事实相吻合。对此，我会介绍一个很有指导性的有趣的例子，并通过两套滤镜来解释同一观察结果。

　　许多权威人士对政治事件结果的预测也都很准确，因为总有人会比其他人预测得更准确。如果你认为我做预测完全靠的是运气，不用大惊小怪，那么，你的现实滤镜完全与数据相吻合。你根据经验知道，总有人会是正确的，这些人之后总会说自己有特殊的洞察力。我也是这么做的，其他说服大师也是如此。也许我们的确纯粹靠的是运气，还试图将运气标榜成自己的技能。这种世界观符合所有的观察结果。

同样，如果你认为这是一种确认偏误导致的情况，即人们总是想象我的预测与现实相符，从而忽视了我失误的地方，并对猜中的几点过度阐释，那么，这种滤镜也完全合适。

观察结果其实可以通过四种滤镜来阐释：第一种滤镜认为我只是运气好；第二种滤镜则认为说我的预测根本不准确，但确认偏误令人们误认为我预测得准确；第三种滤镜认为我准确地预测到了选举结果，因为说服背景让我对这种情况有了特别的洞见；第四种滤镜认为，选举结果是因我而起，即我并非只是在做预测，还做了幕后推手。

有趣的是，所有这四种滤镜都符合观察结果。也就是说，你也许永远都无法知道哪种滤镜是正确的。我自己也不知道。

我们不妨比较一下第一种滤镜和第四种滤镜。

我接受写作和说服训练差不多有 40 年了，作为一名专业的说服师兼职业作家，客观地说，我的观点通常比从未接受过太多训练的人的观点更具说服力。对大多数技能而言，训练能让人做得更好，说服术也不例外。

但这并不意味着我改变了任何人的想法。

为了有趣，我会用一个小技巧来追踪自己的说服影响力。这种方法当然并非万无一失，它不是科学，只是一种消遣。不过，为了勾勒出一幅完整的画面，我会使用不太常见的词语和概念，然后观察它们如何进入公众对话之中。如果我独特的措辞或罕见的框架突然大范围流行起来，这就意味着我有可能在世间留下些许痕迹，但同样不能排除巧合。

比如，很多人都承认，"事实在总统选举中并不重要"这一观点他们最初是从我这里听说的，其他出版物随后也开始模仿我的文章，并用科学文章讲述人类做决策如何不理性。

事实证明，科学家与催眠师的态度一致：人类靠想象认为，事实对决策来说很重要。而实际上，我们都在创造着自己的"个人事实"，以求适应自己头脑中播放的电影。

公平地说，我无法排除如下假设：读者只是想象我是第一个公开宣称"事实在总统选举中并不重要"的作家。这很有可能属于确认偏误。正如我曾反复强调，人们可以对过去强加各种不同的解释，且听起来都说得通。

创作本书期间，我曾对气候科学设立了一个框架，试图将科学与预测模型分开，再将预测模型与经济模型分开，然后分别对它们进行评估。说到底，经济学不是科学，至少从预测十年后的经济情况来看，经济学更像占星学。

我将这一框架重新分为三个独立的主题：科学、气候模型和经济模型。如果等到你阅读本书的时候，你发现这种框架已经成了考察气候科学的标准方式，那有可能是因为我的影响。

也许，这是我一手促成的。谁能说得准呢？

如果你想说服倾向于你
但仍摇摆不定的人，
就试着提出一个"虚假原因"，
好让他们获得"许可"，
从而认同你。

If you are trying to get a decision from someone

who is on the fence but leaning in your direction,

try a "fake because" to give them "permission" to agree with you.

感谢所有帮助我完成本书的人。

在艰难的境况下，他们在社交媒体上支持我，拒绝安于现状。他们无所畏惧，聪明又有趣。感谢他们在我撰写这本书时给予的鼓励，对此，我深感荣幸。

感谢极具先见之明的发行人阿德里安·扎克海姆（Adrian Zackheim）给我的一臂之力；还有优秀的编辑利娅·特罗伯斯特（Leah Trouwborst），她帮助我将最初的想法变成了一本书；克里斯·摩根（Chris Morgan）帮助核对事实，让我避开麻烦，我同样表示感谢。

另外，感谢在 2016 年及之后追着我不放的、讨厌我的人。他们为我提供了能量。有时候，艺术需要树敌。

最后，感谢祖国，让我有机会参与到这么有趣的事情之中。

未来，属于终身学习者

我这辈子遇到的聪明人（来自各行各业的聪明人）没有不每天阅读的——没有，一个都没有。巴菲特读书之多，我读书之多，可能会让你感到吃惊。孩子们都笑话我。他们觉得我是一本长了两条腿的书。

——查理·芒格

互联网改变了信息连接的方式；指数型技术在迅速颠覆着现有的商业世界；人工智能已经开始抢占人类的工作岗位……

未来，到底需要什么样的人才？

改变命运唯一的策略是你要变成终身学习者。未来世界将不再需要单一的技能型人才，而是需要具备完善的知识结构、极强逻辑思考力和高感知力的复合型人才。优秀的人往往通过阅读建立足够强大的抽象思维能力，获得异于众人的思考和整合能力。未来，将属于终身学习者！而阅读必定和终身学习形影不离。

很多人读书，追求的是干货，寻求的是立刻行之有效的解决方案。其实这是一种留在舒适区的阅读方法。在这个充满不确定性的年代，答案不会简单地出现在书里，因为生活根本就没有标准确切的答案，你也不能期望过去的经验能解决未来的问题。

而真正的阅读，应该在书中与智者同行思考，借他们的视角看到世界的多元性，提出比答案更重要的好问题，在不确定的时代中领先起跑。

湛庐阅读App：与最聪明的人共同进化

有人常常把成本支出的焦点放在书价上，把读完一本书当作阅读的终结。其实不然。

时间是读者付出的最大阅读成本
怎么读是读者面临的最大阅读障碍
"读书破万卷"不仅仅在"万"，更重要的是在"破"！

现在，我们构建了全新的"湛庐阅读"App。它将成为你"破万卷"的新居所。在这里：

● 不用考虑读什么，你可以便捷找到纸书、电子书、有声书和各种声音产品；

● 你可以学会怎么读，你将发现集泛读、通读、精读于一体的阅读解决方案；

● 你会与作者、译者、专家、推荐人和阅读教练相遇，他们是优质思想的发源地；

● 你会与优秀的读者和终身学习者为伍，他们对阅读和学习有着持久的热情和源源不绝的内驱力。

从单一到复合，从知道到精通，从理解到创造，湛庐希望建立一个"与最聪明的人共同进化"的社区，成为人类先进思想交汇的聚集地，与你共同迎接未来。

与此同时，我们希望能够重新定义你的学习场景，让你随时随地收获有内容、有价值的思想，通过阅读实现终身学习。这是我们的使命和价值。

CHEERS

本书阅读资料包
给你便捷、高效、全面的阅读体验

本书参考资料

☑ **参考文献**
为了环保、节约纸张，部分图书的参考文献以电子版方式提供

☑ **主题书单**
编辑精心推荐的延伸阅读书单，助你开启主题式阅读

☑ **图片资料**
提供部分图片的高清彩色原版大图，方便保存和分享

相关阅读服务

☑ **电子书**
便捷、高效，方便检索，易于携带，随时更新

☑ **有声书**
保护视力，随时随地，有温度、有情感地听本书

☑ **精读班**
2~4周，最懂这本书的人带你读完、读懂、读透这本好书

☑ **课　程**
课程权威专家给你开书单，带你快速浏览一个领域的知识概貌

☑ **讲　书**
30分钟，大咖给你讲本书，让你挑书不费劲

湛庐编辑为你独家呈现
助你更好获得书里和书外的思想和智慧，请扫码查收！

（阅读资料包的内容因书而异，最终以湛庐阅读App页面为准）

Scott Adams. Win bigly : persuasion in a world where facts don't matter
Copyright © 2017 by Scott Adams, Inc.
This translation published by arrangement with Portfolio, an imprint of Penguin Publishing Group, a division of Penguin Random House LLC.
All rights reserved.

本书中文简体字版经 Portfolio, an imprint of Penguin Publishing Group, a division of Penguin Random House LLC 授权在中华人民共和国境内独家出版发行。未经出版者书面许可，不得以任何方式抄袭、复制或节录本书中的任何部分。
著作权合同登记号：图字：01-2021-7541 号

版权所有，侵权必究
本书法律顾问　北京市盈科律师事务所　崔爽律师

图书在版编目（CIP）数据

以大制胜 / (加) 斯科特·亚当斯（Scott Adams）著；闰佳译. --北京：中国纺织出版社有限公司，2021.12
书名原文: WIN BIGLY : Persuasion in a World Where Facts Don't Matter
ISBN 978-7-5180-9018-1

Ⅰ. ①以… Ⅱ. ①斯… ②闰… Ⅲ. ①说服—语言艺术—通俗读物 Ⅳ. ①H019-49

中国版本图书馆CIP数据核字（2021）第210606号

责任编辑：刘桐妍　责任校对：高　涵　责任印制：储志伟

中国纺织出版社有限公司出版发行
地址：北京市朝阳区百子湾东里 A407 号楼　邮政编码：100124
销售电话：010—67004422　传真：010—87155801
http://www.c-textilep.com
中国纺织出版社天猫旗舰店
官方微博 http://weibo.com/2119887771
天津中印联印务有限公司印刷　各地新华书店经销
2021年12月第1版第1次印刷
开本：710×965　1/16　印张：12
字数：162千字　定价：79.90元

凡购本书，如有缺页、倒页、脱页，由本社图书营销中心调换